Knaur

Über den Autor:

Gerhard Eggetsberger studierte Biochemie und ist seit über zehn Jahren leitender technischer Direktor am Institut für Biokybernetik und Feedbackforschung in Wien. Im Mittelpunkt seiner Tätigkeit steht die Erforschung und Entwicklung neuer Verfahren im Bereich des Biofeedback und der biomedizinischen Meßtechnik. Mit dem PcE-Scanner entwickelte er ein Gerät, das erstmals die Lebensenergie (PcE) im Gehirn und Körper meßbar macht und darüber hinaus allen wissenschaftlichen Ansprüchen entspricht, um eine Erforschung dieser Energie zu ermöglichen.

Gerhard Eggetsberger

Geheime Lebensenergien

Das PcE-Trainingsprogramm für mehr Lebenskraft und Gesundheit

Knaur

Bildquellenverzeichnis: Traute Molik-Riemer zeichnete die Grafiken auf den Seiten 34–38, 41–43, 58, 80–82, 84–85, 96. Das Foto auf Seite 27 stammt von der Kungl. Vitterhets Historie och Antikvitets Akademien, Stockholm. Alle anderen Grafiken und Fotos stellte das IBF, Wien, zur Verfügung.

Dieses Buch wurde auf chlor- und säurefreiem Papier gedruckt.

Vollständige Taschenbuchausgabe Oktober 1998
Droemersche Verlagsanstalt Th. Knaur Nachf., München
Lizenzausgabe mit freundlicher Genehmigung des Orac Verlages, Wien

Umschlaggestaltung: Peter F. Strauss
Satz: Zehetner Ges. m. b. H., A-2105 Oberrohrbach
Druck und Bindung: Clausen & Bosse, Leck
Printed in Germany
ISBN 3-426-86178-X

2 4 5 3 1

Denke an den Ursprung jedes Dinges,
aus welchen Stoffen es besteht,
in welche Form es sich umwandelt,
was es nach seiner Verwandlung sein wird
und daß ihm durch diese Veränderung
kein Übel widerfährt.

Marc Aurel

Inhalt

Wichtiger Hinweis

Wer die in diesem Buch empfohlenen Übungen praktizieren möchte, sollte zunächst in bezug auf Verträglichkeit und Folgen seinen Arzt kontaktieren. Der Autor und der Verlag lehnen ausdrücklich die Verantwortung für alle Risiken ab, die dem Leser durch die im Buch beschriebenen Anwendungen entstehen könnten.

Für Fragen zu den in diesem Buch beschriebenen Verfahren oder für Informationen über unser Trainings- und Seminarprogramm stehen Ihnen der Autor und die Mitarbeiter des Instituts für angewandte Biokybernetik und Feedbackforschung, Josefstädter Straße 72, 1080 Wien, Tel.: 408 77 36, 408 38 72 oder Fax 403 41 51, gerne zur Verfügung.
E-Mail-Adresse: ibf@biofeedb.ac.at

Re®-Training, Psychogenes Hirnfeld® und Biokybernetisches Training® sind eingetragene Marken.

Sie haben einen PC und einen Internet-Zugang?

Unsere neuesten Informationen, Artikel, Forschungsergebnisse, sowie Tests und Programme zum Downloaden finden Sie unter...

http://www.biofeedb.ac.at/

Danksagung

Für die Entstehung dieses Buches und der damit verbundenen Forschungsarbeit bin ich vielen Menschen zu Dank verpflichtet. Ganz besonders möchte ich den Mitarbeitern des IBF, vor allem Mag. Christina Steiner, Ing. Mag. Karl-Heinz Eder, Walter Pamberg, danken sowie dem interdisziplinären Arbeitsteam, das über Jahre meine Forschungsarbeiten durch seine Tätigkeit erst ermöglicht.

Besondere Anerkennung spreche ich hiermit auch meiner Frau Renate aus, die mich bei diesem Buch intensiv unterstützt hat. Mein Dank gebührt auch Diplomingenieur Rudolf Sedlaczek von der TU-Wien für die kritische Überarbeitung des Manuskripts und die wertvollen Anregungen, die er auch auf Grund seiner langjährigen Yoga-Praxis zu diesem Werk beisteuern konnte.

Geleitwort

Dieses Buch behandelt ein Thema, das für jeden von uns von eminenter Bedeutung ist, nämlich einen Aspekt der Lebensenergie. Nicht die Energie des Lebens im Sinne von Tatendrang ist damit gemeint, sondern die Energie, die jedes Lebewesen zum Leben und zu seiner Weiterentwicklung braucht. Dabei geht es nicht um die durch Stoffwechselprozesse, also vor allem durch die Aufnahme und Umwandlung der Nahrung gewonnene Energie, sondern um eine innere Kraft. Es gibt ja im normalen Sprachgebrauch zwei verschiedene Energiebegriffe, die miteinander nichts zu tun haben. Als Physiker arbeite ich zum einen mit dem klar definierten Energiebegriff der Physik und Elektrotechnik: der objektiv meßbaren Arbeitsfähigkeit. Zum anderen gibt es den im Bereich subjektiver Vorstellungen angesiedelten Begriff der inneren Energie, von der man gar nicht annahm, daß sie einer Messung zugänglich sein könnte. Man konnte diese Art von Kraft zwar fühlen und auf deren Vorhandensein oder Mangel bei sich und anderen durch die sichtbaren Auswirkungen schließen, aber die Energie selber ordnete man nicht dem Bereich des objektiv Meßbaren zu.

Durch die Entdeckung des Autors wurde nun ein Brückenschlag zwischen diesen beiden bisher getrennten Welten geschaffen, der sich befruchtend auf beide Seiten auswirken kann. Was man bisher glauben mußte, sich vorstellen oder auch nur einbilden konnte, ist nun meßtechnisch nachweisbar, objektiv belegbar geworden. Gerade in unserer Zeit, in der die Menschen bloßen Glaubenssätzen immer weniger vertrauen, können diese Forschungen grundlegende Bedeutung für unser Selbstverständnis gewinnen.

Als Wissenschaftler kann man jetzt einwenden, ob denn das, was hier gemessen wird, tatsächlich diese ominöse Lebensenergie ist oder bloß eine Folge, eine Auswirkung davon? Diese Frage ist für die praktische Umsetzung der Forschungsergebnisse unbedeutend und höchstens von akademischem Interesse. Wenn auch wie bei einem Eisberg der größte Teil nicht direkt wahrnehmbar ist, so können wir uns aufgrund unserer Erfahrungen doch darauf verlassen, daß unter der Oberfläche, die die Spitze des Eisbergs freigibt, sich auch der verborgene Teil befindet. Genauso geben uns diese neuentwickelten Meßtechniken Aufschluß darüber, ob, wo und wie die Lebensenergie im Körper fließt.

Auch von Esoterikern und Geistlichen mancher Religionen konnte man schon

Einwände hören, daß man diese göttliche, spirituelle Kraft, die auch im Menschen schlummere, nicht einfach so auf die physische Ebene herunterziehen und so um einen wesentlichen Aspekt ihres Inhaltes berauben könne (oder solle). Dem ist entgegenzuhalten, daß der spirituelle Aspekt durch diesen Brückenschlag in keiner Weise abgewertet oder negiert wird, sondern um einen physischen Aspekt erweitert wurde.
Wie jede Brücke kann auch diese in beide Richtungen beschritten werden. Damit eröffnen sich für eingefleischte Skeptiker und Materialisten neue Wege, Geistigkeit in sich zu entdecken und zu einer neuen Spiritualität zu finden. Natürlich erscheint dieser Weg anfangs oft unbequem, da es schwerer wird, solche Dinge als Einbildung und Hirngespinst abzutun.
Man hört aus traditionellen esoterischen Kreisen immer Zweifel an Methoden zur Weiterentwicklung des Selbst, die rasche Fortschritte versprechen. Und zu Recht war früher jeder ernsthafte Selbstentwicklungsweg immer auf jahrelanges geduldiges und ausdauerndes Üben aufgebaut. Aber sind diese zugegeben auch heute noch gangbaren Wege denn für die heutige Zeit noch adäquat? Wenn wir die Menschheitsentwicklung der letzten Jahrzehnte betrachten, so können wir in allen Bereichen der Außenwelt eine dauernde Beschleunigung feststellen. Die Umwälzungen in der Gesellschaft und die rasante Entwicklung der Naturwissenschaft, die uns durch die weltweiten Medien immer schneller vermittelt werden, belegen diese Tatsache anschaulich. Mit all dem konnte die innere Entwicklung des Menschen in keiner Weise Schritt halten. Geistig-seelisch haben wir uns nicht weiterentwickelt, man betrachte z. B. nur die weltweit steigende Kriminalität, die Entwurzelung von Generationen und Völkern, die Scheidungsraten und die Drogentoten.
Haben wir, ohne aus der Gesellschaft auszusteigen, heute überhaupt noch die Zeit, um z. B. durch jahrelange Meditation unsere inneren Kräfte zu stärken, um uns für die heutigen und laufend zunehmenden Anforderungen zu wappnen? Doch wenn wir der Gesellschaft den Rücken kehren, geben wir damit die Möglichkeit aus der Hand, sie mitzugestalten und sie in unserem Sinne zu beeinflussen.
Diese Überlegungen können uns zu dem Schluß führen, daß es für die heutige Zeit geradezu notwendig ist, Methoden zu finden, die eine nachhaltige innere Entwicklung des einzelnen in relativ kurzer Zeit ermöglichen. Als eine solche Methode ist das in diesem Buch beschriebene PcE-Trainingssystem anzusehen,

das einerseits auf neuesten wissenschaftlichen und meßtechnischen Erkenntnissen aufbaut, andererseits aber auch Elemente beinhaltet, die teilweise schon seit vielen Jahrhunderten zu ähnlichen Zwecken eingesetzt wurden.

Rudolf Sedlaczek

Einleitung

In den vergangenen zehn Jahren haben wir mehr über das Gehirn erfahren und gelernt als in all den Zeiten vorher. Vieles davon ist im wahrsten Sinne des Wortes als phantastisch zu bezeichnen. Die neuen Erkenntnisse der Neurologie sind sicher ebenso bahnbrechend wie Louis Pasteurs Entdeckung der krank machenden Keime vor mehr als hundert Jahren.

Die hier vorgestellten Forschungsergebnisse sind nicht weniger revolutionär. Sie besagen, daß Energie, die über das Rückenmark ins Gehirn einströmt, dort eine Änderung der Arbeit der Nervenzellen anregt. Diese Energie, die wir durch 15jährige Forschungstätigkeit im Grenzbereich des menschlichen Ichs meßbar gemacht haben, ist die geheimnisumwobene Lebensenergie des Menschen.

Als diese Lebensenergie im Frühjahr 1994 am Institut für angewandte Biokybernetik und Feedbackforschung in Wien erstmals meßtechnisch nachgewiesen werden konnte, wurde damit ein Grundstein zur wissenschaftlichen Erforschung eines Phänomens gelegt. Denn seit Jahrtausenden berichteten Weise und Meditationslehrer, Yogis und Akupunkteure über die Ch'i- oder Kundalini-Energie im Beckenbereich des menschlichen Körpers. Sie zu erwecken bedeute, eine Bewußtseinserweiterung einzuleiten. Vitalität, Gesundheit und ein erfülltes Leben versprachen diese Lehrer ihren Schülern, wenn sie erst einmal die Lebensenergie erweckt hätten. Den Weg zur Aktivierung dieser Energie versuchten viele. Die Wissenschaft stand dieser Idee fast immer skeptisch gegenüber, denn was man nicht messen kann, wird von der Wissenschaft nicht als objektive Realität anerkannt.

Der Nachweis der Lebensenergie stellt eine der wichtigsten Entdeckungen der wissenschaftlichen Forschung im Grenzbereich des Ichs dar. Folgende Fakten lassen sich schon jetzt belegen:

- Die Lebensenergie steuert die meisten Lebensvorgänge in den Körperzellen und in allen Organen.
- Sie reguliert den Bewußtseinszustand und die Gehirnaktivität.
- Sie aktiviert Heilungsprozesse und bringt Kraft in unser Leben.
- Sie trägt zu einer spirituellen Weiterentwicklung des einzelnen bei.
- Die Übungen zur Aktivierung der Energie (PcE-Übungen) verlangsamen den Alterungsprozeß.

Dieses Buch will Ihnen die energetischen und psychischen Kräfte vorstellen und die Techniken (Übungen) aufzeigen, mit denen diese Kräfte aktiviert und gelenkt werden können. Diese Techniken zeichnen sich durch ihre Einfachheit und durch ihre leichte Erlernbarkeit aus. Ob jung oder alt, ob Mann oder Frau, für jeden ist das beschriebene Übungsprogramm in kurzer Zeit erlernbar. Es ist sofort, ab dem ersten Tag seiner Anwendung, wirksam. Dies ist möglich, da das gesamte PcE-Übungs- und Trainingssystem schrittweise entwickelt und mit Hilfe von Biofeedback-Geräten immer wieder getestet wurde. Sie brauchen keine besonderen Vorkenntnisse, um diese enormen Kräfte für sich selbst zu nutzen – wie unsere Messungen an einer Vielzahl von Personen ergeben haben, verfügt jeder über die Lebensenergie.
Der Erfolg des PcE-Trainings und neue faszinierende Forschungsergebnisse gaben den Anstoß zu diesem weiterführenden Buch über die Lebensenergie. Es soll das Buch „Power für den ganzen Tag", das 1995 im Verlag Orac erschien, nicht ersetzen, sondern das neu entdeckte Verfahren jenen Menschen nahebringen, die sich vor allem mit dem Bereich Bewußtseinserweiterung und -veränderung beschäftigen. Während für den esoterisch interessierten Menschen die Meßbarkeit dieser Energie vor allem eine Bestätigung seiner Vermutungen bringt, haben wir mit Hilfe der eigens dafür entwickelten Geräte erstmals überlieferte Meditationspraktiken auf ihre Wirksamkeit hin überprüft. Theoretisch ist es auch möglich, mit Hilfe der Meßgeräte neue Trainingsverfahren zu entwickeln und zusammenzustellen.
Auch das Hormon Melatonin, von dem in letzter Zeit so viel die Rede ist, haben wir in unsere Forschungen einbezogen. Ein besonderer PcE-Übungskomplex (für die Zirbeldrüse) aktiviert nachweislich das körpereigene Melatonin, das nach neuesten wissenschaftlichen Erkenntnissen den Alterungsprozeß bremst, das Immunsystem stimuliert und die Gefäßwände verjüngt. Der legendäre Jungbrunnen wird durch diesen Trainingsteil zu einer greifbaren Realität.
Dieses Buch ist aber auch als ein Bericht zu sehen, der über eine Reihe biomedizinischer Experimente Aufschluß gibt. Im Anhang ist ein Auszug wichtiger Forschungsergebnisse zu diesen Themen zu finden.

Abbildung 1: Messung der Lebensenergie im IBF-Labor

Teil I
Die Grundlagen des PcE-Trainings

Vom Hirnfeld zur Lebensenergie

Im Zuge unserer Untersuchungen der menschlichen Sexualität wurde ich auf einen Effekt aufmerksam, den wir den PcE-Effekt nannten: Ich entdeckte eine energetische Verbindung zwischen Pc-Muskel (Pubococcygeus-Muskel), der im unteren Beckenbereich liegt, und dem Gehirn. Durch eine bestimmte Art der Anspannung des Pc-Muskels beginnt meßbar und fühlbar Energie durch das Rückenmark zu fließen und sich im Nervensystem auszubreiten. Durch mehrmalige Wiederholung der Muskelanspannung konnte ich erstmals eine immer stärker werdende Aufladung des Gehirns feststellen. Keine andere Übung oder Technik, die ich in unserem Labor überprüfte, brachte eine solche Intensität an energetischer Körper- und Gehirnaufladung mit sich.

Dem vorangegangen war die Entdeckung des psychogenen Hirnfeldes durch die Anwendung eines neuen Hirnmeßverfahrens. Das psychogene Hirnfeld[1] ist der Gleichspannungsanteil des elektrischen Hirnfeldes innerhalb der einzelnen Hemisphären. Dieses Feld beeinflußt alle Schaltvorgänge im Gehirn: Gefühle, Denkprozesse, jede Hirn- und Körperaktion. Die Stärke und Ausformung des Hirnfeldes entscheidet über Gesundheit, Wohlbefinden und Leistungsfähigkeit.

Durch den Einsatz neuer Biofeedbacktechniken konnten wir das psychogene Hirnfeld unter eine willentliche Beeinflussung bringen. Von 1983 bis 1994 lehrten wir viele Menschen – vor allem auch Spitzensportler – die willentliche Beeinflussung ihres persönlichen Hirnfeldes und damit die Kontrolle über ihre Leistungsfähigkeit und ihr Wohlbefinden. Bis 1994 setzten wir dafür ausschließlich die Techniken des Biofeedbacks und der Suggestion ein, da wir glaubten, daß eine positive Beeinflussung des Hirnfeldes nur über mentale Strategien, also durch geistige Selbstbeeinflussung möglich wäre. Unsere Erfolge sprachen für sich. In- und ausländische Zeitungen und Fernseh- und Radiobeiträge berichteten über unsere Arbeit. Unsere speziellen Biofeedback-Meßgeräte, mit denen das psychogene Hirnfeld gemessen und trainiert werden kann, werden mittlerweile von Ärzten aller medizinischen Richtungen eingesetzt.

Die gemessene Sexualenergie

Ausschlaggebend für den Beginn unserer Forschungsreihe über Sexualität war, daß viele Menschen, die bei uns ein Konzentrationstraining absolvierten, gleichzeitig eine Verbesserung ihrer sexuellen Empfindungen erfuhren. Wir brachten das in Zusammenhang mit hirnelektrischen Abläufen vor und während des Orgasmus. Versuchspersonen wurde ein tragbares Hirnfeldmeßgerät mit Aufzeichnungsvorrichtungen mit nach Hause gegeben, und es zeigte sich, daß sich während des Geschlechtsverkehrs die rechte Gehirnhälfte mit mehr Energie auflud als die linke Hirnhälfte. Das Gehirn speicherte immer mehr und mehr Energie, bis sich diese schließlich wieder entlud. Wir konnten überdies erkennen, daß um so mehr und schneller Energie in sein Gehirn strömte, je aktiver und erregter der Mensch wurde. Doch wo war die Quelle für diese Energie? Bei der nun folgenden Suche erinnerte ich mich an den bereits erwähnten Pc-Muskel des Beckenbodens. Schon frühere Untersuchungen darüber hatten gezeigt, daß dieser Muskel mit der Orgasmusfähigkeit verbunden ist. Durch Biofeedbacktraining des Pc-Muskels (dafür entwickelten wir auch ein spezielles Trainingsgerät für den Einsatz in gynäkologischen Praxen) lernten Frauen mit Pc-Muskel-Schwäche, diesen wieder zu kräftigen.
Einer spontanen Idee folgend, versuchte ich, die Pc-Muskel-Energie im Gehirn zu messen. Ich stellte mir vor, daß die durch das Zusammenziehen des Pc-Muskels frei werdende Energie über das Rückenmark ins Gehirn weitergeleitet werden würde und sich dieser Prozeß durch eine feine Hirnfeldveränderung bemerkbar machen könnte. Zuerst aber mußte eine spezielle Gerätekonfiguration entwickelt werden. Den ersten Test machte ich an mir selbst und spannte mehrmals den Pc-Muskel an. Das Meßergebnis verblüffte mich: Die Meßgeräte zeigten eine enorme Veränderung der Hirnaufladung. Um einen Meßfehler auszuschließen, wiederholte ich diese Versuche mehrmals: Es ergab sich immer wieder dasselbe Bild. Ich probierte es noch einmal, spannte den Muskel an – nichts! Ich setzte mich anders in den Sessel, und da war sie wieder, diese unglaubliche Aufladung! Mit jeder Muskelanspannung steigerte sich die Energie in meinem Kopf. Was war anders? Ich nahm im Sessel wieder dieselbe Position ein wie beim Fehlversuch, und es kam neuerlich trotz aller Anspannung zu keiner weiteren Aufladung des Gehirns. Ich erkannte, daß die Energie bei gekrümmtem Rücken kaum floß. Nun testete ich alle anderen Muskeln des Körpers. Ich spannte die Bein-, die Bauch-, die Schulter- und die Stirn-

muskeln an, ich ging alle Muskeln durch, bei keinem zeigte sich dieser Aufladungseffekt des Gehirns, gleichgültig, welche Haltung ich auch einnahm. Im Gegenteil, beim Anspannen mancher Muskelpartien sank die Energie im Gehirn sogar ab. Einzig und allein der Pc-Muskel setzte diese Energie frei. Ich war euphorisch, sofort wurde das Experiment auch mit anderen Personen durchgeführt. Jeder konnte es, egal ob Mann oder Frau, jung oder alt, allein die Haltung war ausschlaggebend. Die Energie strömte nur bei gerader Wirbelsäule, andernfalls war sie blockiert.

Jetzt wurde mir klar, was für einen Effekt ich hier messen konnte. Es war die durch die Anspannung des Pc-Muskels hervorgerufene Energie, die Sexualenergie. Niemand hatte diesen Effekt vorher meßtechnisch nachweisen können.

Sigmund Freud, der Begründer der Psychoanalyse, ist oft geschmäht worden, weil er die Theorie entwickelte, daß die alles durchdringende Lebenskraft, die er Libido nannte, im tiefen Inneren immer die sexuelle Kraft ist. Er argumentierte, daß der Sexualtrieb die Quelle aller kreativer und religiöser Ausdrucksformen ist. Tatsächlich: Diese Energie – die ich Pc-Energie (PcE) nannte – ist identisch mit der Sexual-, aber auch mit der Lebensenergie, von der die östlichen Weisen sprechen. Sie ist die indische Kundalini-Energie, die chinesische Ch'i- bzw. japanische Ki-Energie, sie ist die Lebenskraft, die in vielen anderen Kulturen als Quelle alles Höheren und Erhabenen beschrieben wird. Sie hat ihren Ursprung im Beckenbereich, steigt über das Rückenmark auf und konzentriert sich im Gehirn, wobei der größere Anteil in der rechten Hirnhälfte zu finden ist.

Mir wurde überdies klar, daß man diesen Effekt für die Sexualtherapie nützen kann, indem man Menschen mit Orgasmusproblemen lehrt, genügend Energie (durch Anspannen des Pc-Muskels) ins Gehirn zu bringen, so daß ein Orgasmus möglich wird.

Aus diesen Erkenntnissen heraus entwickelten wir zunächst ein neues Verfahren zur energetischen Aufladung des Gehirns (das PcE-Training). Es besteht einerseits aus speziellen Körperhaltungen, den Runen-Übungen, die den inneren Energiefluß harmonisieren und Energieblockaden in unserem Körper lösen, und andererseits aus dem richtigen Anspannen des Pc-Muskels, der sich in unseren Laborversuchen als Energiegenerator herausgestellt hat. Diese Kombination nannten wir einfach Pc-Energie-Übungen, kurz PcE-Training. Es bedarf keiner besonderen Geschicklichkeit oder außergewöhnlichen körperlichen Fitneß, die PcE-Übungen durchzuführen. Sie werden bereits von vielen Menschen erfolgreich absolviert. Abgesehen von Tausenden Menschen, die die PcE-Übungen durch das Buch „Power für den ganzen Tag" erlernten, wurden bis heute weit über 500 Personen bei uns im Labor meßtechnisch während des Trainings überprüft. Jeder konnte mit der neuen Methode die Lebensenergie sofort aktivieren und so sein Gehirn energetisch aufladen. Der Zeitaufwand der PcE-Übungen ist gering (einige Minuten), und sie sind in jeder Lebenslage möglich.

Was bringt das PcE-Training?

Man kann das PcE-Training ohne Übertreibung als Quelle der Jugend ansehen, es verbessert die Konzentration, führt aber auch zu einer tiefgreifenden Veränderung des Bewußtseins. Der Trainierende erreicht im Gehirn eine meßbare und anhaltende Erhöhung des Energieniveaus.
Durch die Meditation mit dem PcE-Laut (siehe Seite 74), wird eine Öffnung nach außen bewirkt, es kommt zu einem Energieaustausch mit anderen auf einer höheren Ebene. Dies führt zu einer verstärkten inneren Energieaufladung und einer Entfaltung des Bewußtseins.

Was geschieht beim PcE-Training?

Durch das PcE-Training wird die körpereigene Gehirnelektrizität vermehrt. Dies bringt einen Prozeß in Gang, bei dem sich innerhalb weniger Sekunden nicht nur neue Kontaktstellen („Synapsen") zwischen den Nervenfortsätzen bilden, an denen nervöse Reize von einer Nervenzelle („Neuron") auf die andere weitergeleitet werden, sondern auch die Zahl der Synapsen pro Neuron ansteigt.[2] Dieser Prozeß deutet darauf hin, daß sich durch die vermehrte Aktivierung der inneren Energie im Gehirn und die damit verbundene Zunahme von Synapsen die Gehirnkapazität erhöht. Das hat einen direkten und nachhaltig positiven Einfluß auf das Gedächtnis, die Reaktionsgeschwindigkeit und die allgemeine Leistungsfähigkeit, aber auch auf das Gefühlsleben des PcE-Trainierenden.

Kundalini, Ch'i und die Lebensenergie

Beim PcE-Training wird eine ganz reale Energie geweckt; tatsächlich ereignet sich im Inneren des Körpers ein Akt der Umwandlung. Die innere Kraft steigt, vom Sexualzentrum ausgehend, entlang der Wirbelsäule bis zur Zirbeldrüse im Bereich des Kopfes auf. Von der Zirbeldrüse kann sie sich dann über bestimmte Zentren im ganzen Körper verteilen.

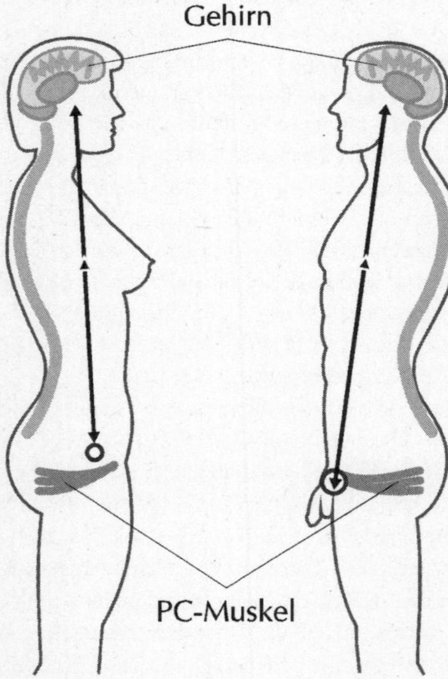

Abbildung 2: Die aufsteigende Energie

Seit der menschlichen Urgeschichte existieren Techniken, die dazu dienen, die inneren Energien und vor allem die Lebensenergie zu erwecken. In der indischen Kundalini-Lehre ist uns dieses Wissen deutlich übermittelt.
Kundalini ist ein Sanskrit-Wort und bedeutet „zusammengerollt" (wie eine

Schlange oder eine Stahlfeder), und der Tradition entsprechend wird diese innere Kraft durch eine „heiße“ Schlange symbolisiert. In den alten indischen Schriften wird Kundalini als eine Form latenter Bioenergie im menschlichen Körper beschrieben. Sie wird als Grundenergie, als Grundlebensform des Körpers angesehen, die, im Gehirn konzentriert, Genialität und Erleuchtung hervorruft. Nach den alten Texten ist Kundalini-Energie im ganzen Körper vorhanden. Sie geht jedoch vom unteren Ende der Wirbelsäule, vom Sexualzentrum, aus. Diese Energie ist – so heißt es in den alten Texten – ungeheuer mächtig, und sie soll auch der Schlüssel zur Jugend und zur Hebung des Bewußtseins auf höhere mentale Wahrnehmungsebenen sein. Weckt man die „Schlangenkraft“ und führt sie das Rückgrat entlang zu den „schlafenden Gehirnzellen“ und Hirnzentren, so ist damit das Ziel aller geistiger Disziplin erreicht, ob man das nun erkennt oder nicht.

Das Wort *Ch'i* ist die Bezeichnung der Chinesen für die Lebensenergie. Wie bei den Indern werden die Trainierenden gelehrt, die Ch'i-Energie im Sexualzentrum zu aktivieren und über die Wirbelsäule in den Kopf zu heben.

Doch auch in unserem Kulturkreis sind bei näherer Betrachtung Zeugnisse eines tieferen Wissens zu entdecken, die immer mehr an Bedeutung gewinnen. Bei unseren europäischen Vorfahren, den Kelten und Germanen, war die innere Energie die göttliche Kraft allen Lebens.

Durch die Entdeckung des PcE-Trainings und die damit verbundenen Arbeiten mit den Runen kam ich auch mit den keltischen und germanischen Trancepraktiken in Berührung. Einem Leser meines Buches „Power für den ganzen Tag“ habe ich die Kopie eines alten Textes, der sich mit einer mehr als 2000 Jahre alten keltischen Energie- und Trancetechnik beschäftigt, zu verdanken. Dieser Text beschreibt eine Technik (das CuChulainn-Ritual), die es dem Anwender ermöglicht, äußere Energien aufzufangen, um diese Energie anschließend in seinen verschiedenen Tätigkeiten einzusetzen und das „willentliche Nichts“ zu erreichen. Jeder Mensch, der dieses Ritual einsetzt, soll, laut Text, in der Lage sein, die Kräfte der Natur zu empfangen und zu nutzen sowie das Tor zur „autre monde“ (der anderen Welt) für sich zu öffnen.

Texte wie dieser fanden keine weite Verbreitung. Zum einen, weil die wenigen Abschriften nach und nach verlorengingen, und zum anderen, weil es eine strikte Geheimhaltungsregel gab. Erste Versuche mit dieser Technik (die sich meines Erachtens auch gut in das PcE-Training einfügen läßt) sind äußerst erfolgreich verlaufen. Die im Text beschriebenen Rituale sind ungewöhnlich,

und ich kenne nichts Vergleichbares. Diese Textkopie hat mich veranlaßt, mich intensiver mit dem spirituellen Wissen der Kelten und Germanen auseinanderzusetzen.
Seit Anfang unserer Zeitrechnung vergaßen die Völker Westeuropas immer mehr, wer sie einmal waren und woher sie kamen. Die Römer und die spätere Christianisierung in unseren Ländern beendete die Zeit der Kelten und Germanen, und das Wissen ihrer Eingeweihten ging verloren. Erst heute beschäftigt sich die Forschung mit den Praktiken und spirituellen Techniken unserer Vorfahren. Und dabei stellt sich heraus, daß unsere Ahnen, nicht anders als die Chinesen und Inder, die Bewahrer uralter, spiritueller Praktiken waren.
Die Kelten und die Germanen stammen von den Indoeuropäern ab, sie haben also dieselbe nördliche Herkunft. (Moderne Sprachvergleiche zeigen, daß das Urvolk, von dem alle Indoeuropäer abstammen, aus dem nördlichen Mitteleuropa kam.) Dies erklärt auch die oft verblüffende Ähnlichkeit des spirituellen Gedankengutes von Indern, Kelten und Germanen. Auch archäologische Funde zeigen Gemeinsamkeiten der Inder und Kelten. Um das zweite Jahrhundert vor unserer Zeitrechnung trennten sich (nach heutigen Erkenntnissen) einige indogermanische Stämme von Europa und gelangten im Zuge ihrer Wanderung in den Orient und auch nach Indien, wo sie siedelten und sich mit den dort ansässigen Volksgruppen vermischten. Manche der ausgewanderten Stämme kehrten nach mehreren Jahrhunderten wieder zurück und siedelten sich in der Normandie, der Bretagne und auf den Britischen Inseln an. Ursprünglich lebten die Kelten in der Gegend östlich des Rheins. Vermutlich kamen sie aus dem Harz und haben an den Ufern von Ost- und Nordsee lange neben den Germanen gelebt. In der keltischen und germanischen Mythologie und auch auf spirituellem Gebiet gibt es aus diesem Grund nachweislich zahlreiche Berührungspunkte. Das Weltbild der Germanen war zwar nicht überall völlig einheitlich mit jenem der Kelten, aber die tieferen Vorstellungen und Glaubensinhalte sind doch weitgehend gleich. Unverfälscht berichten noch heute skandinavische Bild- und Runensteine vom geistig-spirituellen Wissen der Germanen und Nordmänner (siehe Foto Runenstein). In der „Edda“, zwei Werken des altisländischen Schrifttums, ist viel vom Glauben und Denken der Bewohner Nord- und Mitteleuropas überliefert.

Runenstein aus Uppland (Schweden). Der Text bedeutet:
„Frawaradaz,
der Mutige . . .“

„Autre monde“ und das „willentliche Nichts“

Aus verschiedenen Geschichtsquellen geht hervor: Für die Kelten war das angestrebte Ziel des Lebens die „autre monde“ (die „andere Welt“). Die keltischen Druiden beschrieben „autre monde“ als einen zeitlosen und raumlosen Ort, wo die Welt der Phantasie nach dem göttlichen Plan Wirklichkeit geworden ist. Nach der Auffassung der Druiden ist die ewige Bewegung der Evolution des Lebens eine periodische Bewegung mit bestimmten Frequenzen. Energie ist in Wirklichkeit Frequenz, was sich vollkommen mit der modernen wissenschaftlichen Theorie deckt. Diese Idee der Frequenz wird von den Druiden auch dadurch illustriert, daß man als Mensch durch Veränderung der inneren Lebensfrequenzen – durch Erhöhung der inneren Energie – besonders leicht von einer Welt in die andere Welt gelangen kann. Die Kelten bezeichneten „autre monde“ als eine Art Zwischenwelt oder Astralwelt.
In den alten keltischen Erzählungen ist der Zugang zur „autre monde“ einfach

zu finden, jedoch nur, wenn man wirklich mit dem inneren Auge (der Zirbeldrüse) sucht.
Zwei Dinge sollen dazu nötig sein:

- die Erhöhung der inneren Energie („Furor") und
- das Erreichen des „willentlichen Nichts".

Die Druiden (keltische Schamanen, Heiler und Weise) lehrten, daß im Traum, in der Ekstase, aber auch beim sexuellen Orgasmus gewaltige Mengen an Energie frei werden, die sinnvoll eingesetzt werden können und nicht, wie zumeist üblich, ungenutzt verlorengehen müssen. Außerdem ist der Orgasmus selbst ein Zustand, während dem die Verbindung zwischen den beiden Welten für kurze Zeit möglich ist (die innere Energie steigt an, und die Gedanken kommen kurz zur Ruhe). Die innere Energie, der göttliche Furor oder die „innere Hitze" war auch im Denken der Druiden unbestreitbar mit dem Sexualtrieb verbunden. Dies geht direkt aus mehreren Überlieferungen hervor. In einer Erzählung wird berichtet, wie sich die innere Energie der Helden in sexuelle Lust verwandelt. In einer anderen Beschreibung tritt die Ekstase des Druiden erst nach der „Erhitzung", dem Aufsteigen der inneren Energie, ein. Der Druide benützt in dieser Geschichte yogaähnliche Übungen und Körperstellungen, um die Kräfte zu entwickeln. Wie beim indischen Kundalini-Yoga ist die Fähigkeit einer inneren Transformation von der Aktivierung der göttlichen Kraft im Beckenbereich abhängig. Die Schaffung einer inneren Hitze, mit deren Hilfe man „auf die andere Seite" gelangen kann, ist der Entfesselung der indischen Schlangenkraft gleichzusetzen. Sie zu erwecken ist auch bei den Kelten ein oft langer Weg. Ohne Mühe gelangt niemand in die „autre monde". Wenn wir auf dem spirituellen Weg etwas erreichen wollen, müssen wir aber auch loslassen können. Bevor ein Gefäß mit einem speziellen Inhalt gefüllt werden kann, muß es leer sein. Kein neues Schaffen ist ohne die Leere möglich. Wie man diese Fähigkeit des Entleerens, des „Ausschaltens" auch nennt, sie ist die Voraussetzung für alle außerordentlichen und spirituellen Fähigkeiten. Bevor unser Bewußtsein nicht fähig dazu ist, hat es keinen Sinn, spirituellen Erfolg zu suchen. In den Zeiten der Kelten und Germanen schätzten die Menschen die Kraft, die vom willentlichen Nichts ausgeht, so hoch ein, daß sie ihrer Erlangung oft ihr ganzes Leben widmeten und sich auf der Suche danach in die Einsamkeit zurückzogen. Alle, denen es gelungen ist, das willentliche Nichts im Inneren zu erzeugen, gelangten zur Fähigkeit, die Lebensenergie in jede erforderte Richtung zu lenken. Wen wundert es, daß wir nach Lesen

dieses Textes nach Mitteln suchten, um dieses willentliche Nichts für die PcE-Meditation zu erlangen.
Ein Weg ist, die Zirbeldrüse zu beeinflussen und den Gedankenfluß durch das dabei entstehende körpereigene Melatonin zu dämpfen und auf das Wesentliche zu konzentrieren (siehe Seite 104 ff.). Im keltischen CuChulainn-Ritual werden unter anderem Heilkräuterauszüge empfohlen, die wir auf ihre Wirksamkeit und auf eventuelle Nebenwirkungen überprüften. Diese Kräuter sollen helfen, das willentliche Nichts sofort zu erfahren. Darüber hinaus wird dieser Zustand durch ein bestimmtes Ritual dann bewußt eingeprägt.
Die Meditierenden können sich dann jederzeit in den Zustand des willentlichen Nichts versetzen.

Aktivieren Sie Ihr inneres Kraftwerk

Wir haben viele bekannte Übungen aus den Bereichen Yoga, Tantra, Tai Chi, Qi Gong, Reiki, Kinesiologie und diversen Ekstasetechniken auf ihre energetische Wirksamkeit untersucht. Doch immer wieder zeigte sich: am wirksamsten sind bei allen getesteten Personen die ausgewählten Runen-Übungen und die Power-Übungen, die das PcE-Training bilden. Manche getestete Verfahren bewirken sogar genau das Gegenteil, sie bauen Energie ab, manche Übungen führen zu Schwindelgefühlen, aber nicht zu vermehrter Energie. Einige Übungen sind zu kompliziert oder setzen einen ausgezeichneten Gesundheitszustand voraus. Die meisten wirksamen Verfahren sind jedoch an einen langen und konsequenten Lern- und Übungsweg gebunden. Wir suchten daher nach einem Trainingssystem, das einfach, von jedem praktizierbar und effektiv ist. Es sollte das Gehirn nachhaltig mit Energie aufladen. Diese Anforderung erfüllten nur die ausgewählten und adaptierten Runen-Haltungen und die Power-Übungen.

Die nach neuesten Erkenntnissen weiterentwickelten Körperübungen, die auf altgermanischen Runen-Übungen basieren, bringen mehrere Effekte: Sie wecken die Kundalini-Energie, und sie machen den Körper für diese Energie sozusagen leitfähig.

Zusammen mit dem Pc-Muskel-Training (der Power-Übung) bilden sie ein Kraftpaket, das sehr schnell und nachhaltig wirkt. Allerdings muß man regelmäßig, wenn möglich zweimal am Tag, einen ganzen Durchgang mit allen Einzelübungen durchführen.

Der Pc-Muskel, der den gesamten elektrischen Spannungshaushalt im Körper verändern kann, bildet die eigentliche Basis für das PcE-Training.

Wir konnten durch unsere Messungen erstmals Aufschlüsse über den Energiefluß gewinnen, der sich vom unteren Ende der Wirbelsäule über das Rückenmark aufsteigend, weitestgehend unabhängig vom Nervensystem, im Gehirn und im ganzen Körper ausbreitet.

Diese Ströme, so konnten wir mittels Tests nachweisen, verändern je nach ihrer Intensität und ihrer örtlichen Konzentration im Gehirn das Gefühlsleben und die Konzentrationsfähigkeit des Trainierenden dauerhaft. Unsere Untersuchungen zeigten überdies, daß eine willentliche Aktivierung der inneren Lebensenergie bestimmte Mängel von Gehirnfunktionen beheben kann, was Anlaß zur Hoffnung für geistig Benachteiligte wäre.

Nachfolgend finden Sie das PcE-Trainingsprogramm, das Schritt um Schritt aufeinander aufgebaut ist. Wenn Sie den höchstmöglichen Trainingserfolg erlangen wollen, halten Sie bitte den vorgegebenen Ablauf ein. Denn die Phasen dieses Trainings sind nur dann optimal wirksam, wenn sie aufeinander folgen. Haben Sie z. B. Ihren Pc-Muskel zu wenig trainiert, so ist er zu schwach, um genug Lebensenergie freizusetzen, und der gewünschte Erfolg kann sich nicht einstellen.

Bedenken Sie, daß das PcE-Training das erste Training ist, das durch die Sichtbarmachung (Messung) der Lebensenergie entwickelt wurde. Es hat nach unseren Messungen bei allen Testpersonen funktioniert. Sie können also sicher sein, daß es auch bei Ihnen wirken wird. Gehen Sie also mit Geduld und Genauigkeit stufenweise wie angegeben vor, und Sie werden erfolgreich sein. Die nachfolgenden Übungen sind die Voraussetzung für die später erläuterten, erweiterten PcE-Übungen und Meditationen. Die PcE-Grundübungen sind hier gekürzt wiedergegeben. Wer diese Übungen genauer nachlesen möchte, dem sei das Buch „Power für den ganzen Tag. Sieben Übungen zur Steigerung der Lebensenergie“ empfohlen.

Die Runen-Übungen für ein neues Leben

Mit den Runen hatten es die Forscher immer schwer: Die geheimnisumwitterten Zeichen stammen aus einer längst vergangenen Zeit. Der Sage nach soll der germanische Gott Odin, auch Wotan genannt, der Schöpfer der Runen gewesen sein. Da gibt es Geschichten von alten Runenmeistern – „erilar“ oder „irilar“ genannt –, die wahre Wunderdinge mit den Runen bewirken konnten. Germanische Zauberer und keltische Druiden benutzten sie. Man findet sie auf Steindenkmälern, Waffen, Hämmern und auf so manchem Talisman eingeritzt. Im Wohnraum der germanischen Völker sind die Runen schon vor Christi Geburt belegt. Neueste Forschungen zeigen, daß die Runenzeichen in einer Urform aber schon in der Steinzeit bekannt waren, und in Island wurden die Runen noch im 17. Jahrhundert zu magischen Zwecken verwendet. Jede Rune trug bei den Germanen einen eigenen Namen, durch den sie einen konkreten Gegenstand oder Zustand symbolisierte. Immer waren einzelnen Runenzeichen energetische Körper- und Handstellungen zugeordnet. Es gibt Beweise dafür, daß eine ansehnliche Zahl der Runenkenner Frauen waren. Vieles wurde in die geheimnisvollen Zeichen hineininterpretiert. Doch nur einiges ist sicher: Sie sind ein wichtiger Bestandteil des Wissensschatzes unserer Vorfahren, und sie wurden in späterer Zeit zu den ersten Schriftzeichen des nordischen Raumes umfunktioniert. Viel von dem alten Wissen ist spätestens mit der Hexenverfolgung verlorengegangen. Am längsten blieben die Runenzeichen als Orakel in Verwendung. Daß sich gewisse Kenntnisse über die Runen erhalten haben, liegt sicher nicht nur an den alten Dichtungen der Edda, sondern vor allem daran, daß diese Zeichen ein tief in uns schlummerndes archaisches Unbewußtes ansprechen, daß sie Teil unseres westlichen Denkens und Fühlens sind. Schon immer wurden die Runen-Stellungen als Energieübungen bezeichnet und angewandt, heute können moderne Meßgeräte ihre Wirksamkeit beweisen.

Was können die Runen-Übungen bewirken?

Die Übungen lösen einerseits nachweislich Muskelverspannungen und Muskelblockaden auf und aktivieren die Drüsen, was zur vermehrten Ausschüttung wichtiger Stoffe, etwa Hormone, führt.

Anderseits können Sie durch einzelne Runen-Stellungen auch auf die Psyche einwirken, was wiederum die energetische Struktur Ihres Körpers beeinflußt. Nehmen Sie z. B. eine Haltung ein, die ein Öffnen symbolisiert, so öffnet sich nach und nach auch Ihr ganzes Wesen. Der Muskelpanzer lockert sich. Nehmen Sie eine Abwehrhaltung ein (Hände in Abwehrstellung), verhärtet sich instinktiv Ihr Muskelpanzer. Dieses Phänomen ist auch die Grundlage vieler Rituale.

Was sagt die Forschung?

Der kanadische Psychologe V. F. Emmerson berichtete schon 1972, daß bestimmte Körperhaltungen Einfluß auf den Stoffwechsel haben, wie etwa auf den Sauerstoffverbrauch und die Ausscheidung von Kohlendioxyd. Ebenso ändert die Haltung auch die Herzschlagrate, die Fließgeschwindigkeit des Blutes, die Bewegung des Darms und die hirnelektrische Aktivität. Die Arbeitsweise zahlreicher endokriner Drüsen kann laut Emmerson allein durch bestimmte Körperstellungen nachhaltig beeinflußt werden. Weiters stellte Emmerson fest, daß bestimmte Körperhaltungen ganz spezifische Gefühle auslösten. Unsere Laboruntersuchungen ergaben ebenfalls starke Veränderungen der Muskelspannungen, des Hautwiderstandes, der Herzschlagrate, der Atmung, der Darmbewegung, der Durchblutung und vor allem der energetischen Aufladung der beiden Hirnhälften während den einzelnen Runen-Haltungen.

Die Runen-Übungen

Auch wenn die Übungen einfach durchzuführen sind, sollten Sie, wenn Sie an entzündlichen Erkrankungen oder Tumoren im Urogenitaltrakt leiden, ebenso darauf verzichten wie bei Erkrankungen der Wirbelsäule – das kann Rheumatismus sein oder aber eine verletzungsbedingte Bewegungseinschränkung.

Überanstrengen Sie sich am Anfang nicht. Steigern Sie die Dauer der Übungen jeweils um einen vollen Atemzug, bis Sie die einzelnen Positionen 30 Atemzüge lang beibehalten können.

Position 1: Die U-Stellung

Stehen Sie aufrecht, die Füße parallel, Blick nach Westen, die Knie leicht gebeugt (nicht durchgestreckt). Heben Sie die Arme langsam über den Kopf, und atmen Sie tief ein und aus. Beugen Sie während des Ausatmens den Oberkörper so weit wie möglich nach vor und nach unten, und lassen Sie den Kopf hängen. In dieser Haltung atmen Sie 10mal langsam ein und aus.

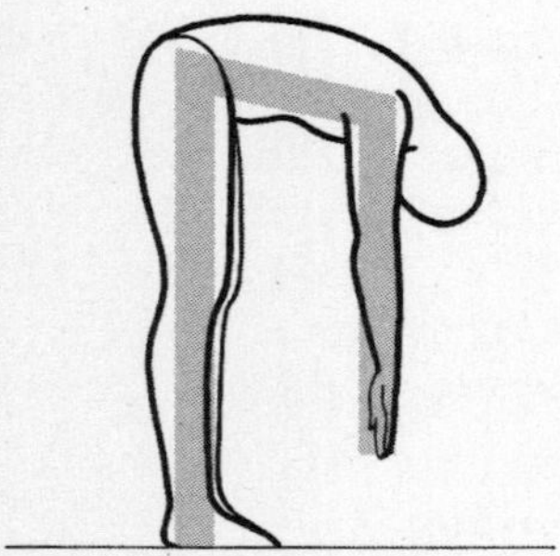

Abbildung 3: U-Stellung

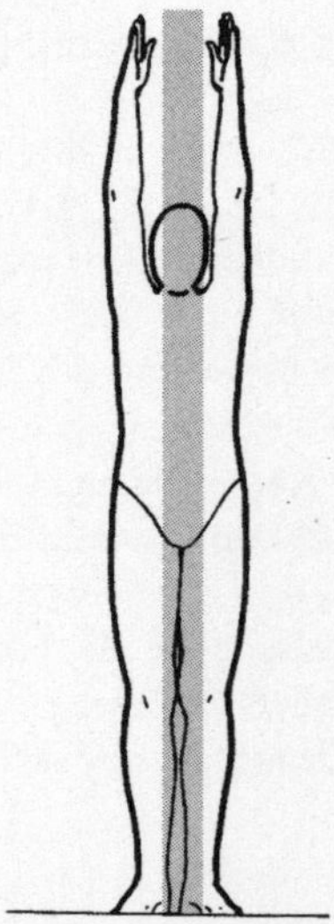

Abbildung 4: I-Stellung

Position 2: Die I-Stellung

Stehen Sie aufrecht, blicken Sie nach Westen. Heben Sie die Arme über den Kopf, und strecken Sie sie nach oben, die Handflächen einander zugewandt, in einem Abstand von ca. 20 Zentimetern. In dieser Position 10mal tief und gleichmäßig ein- und ausatmen.

Position 3: Die Y-Stellung

Lassen Sie aus der I-Stellung die Arme so weit seitlich sinken, daß Ihr Körper wie ein Y aussieht. Die Arme dabei leicht nach hinten strecken, die Handflächen weisen flach nach oben. Atmen Sie in dieser Stellung wieder 10mal langsam ein und aus.

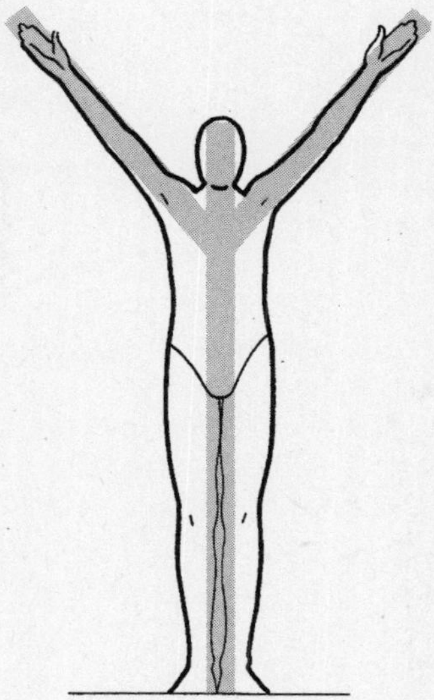

Abbildung 5: Y-Stellung

Position 4: Die F-Stellung

Aus der Y-Stellung senken Sie beide Arme parallel nach vorne, den linken ca. 10 Zentimeter höher als den rechten. Mit den Fingern der ausgestreckten Hände formen Sie folgende Figuren: Legen Sie Daumen und Mittelfinger leicht aneinander. Die übrigen Finger weisen nach vorne. Auch in dieser Haltung 10mal tief und ruhig ein- und ausatmen.

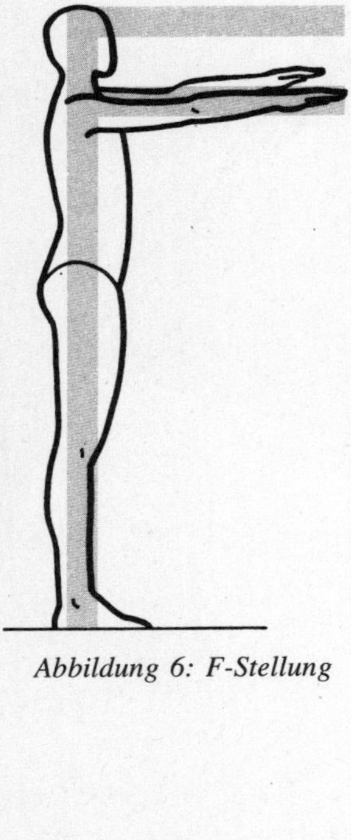

Abbildung 6: F-Stellung

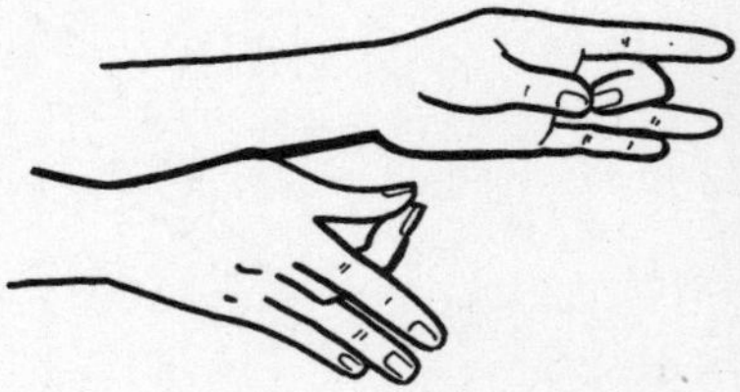

Abbildung 6a: Hand- und Fingerstellung

Position 5: Die T-Stellung

Aus der F-Stellung strecken Sie die Arme seitlich schräg nach unten und leicht nach hinten, bis sie wie zwei leicht ausgebreitete Flügel aussehen. Die Handflächen weisen zum Boden, und wieder 10mal ein- und ausatmen.

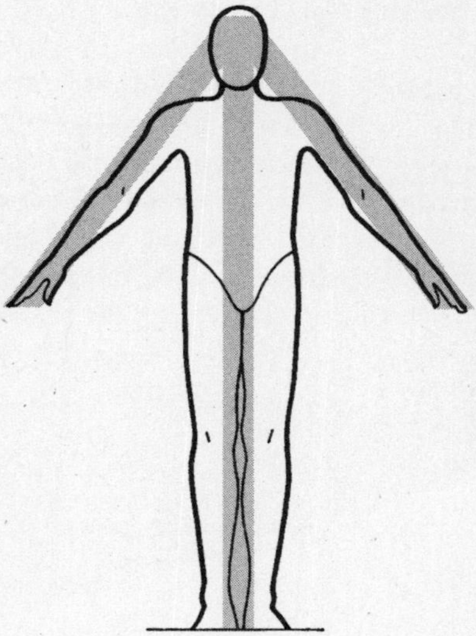

Abbildung 7: T-Stellung

Position 6: Die W-Stellung

Aus der T-Stellung beide Hände vor den Körper führen, so daß die Handkanten nach vorne zeigen, die Daumen angelegt. Die Handflächen sind einander in einem Abstand von etwa 35–40 Zentimetern zugewandt. Mit kräftigem Ausatmen durch die Nase nun stoßartig den rechten Arm in einem Bogen zur Seite bewegen, bis er, etwas über Schulterhöhe, mit der Handfläche nach unten ausgestreckt ist, dann während des Einatmens in die Ausgangsposition zurückführen. Diese Übung sollten Sie wie einen Karateschlag auf einen imaginären Punkt seitlich hinter Ihnen ausführen. Lassen Sie den Arm leicht nach hinten ausschwingen, so daß Sie ein leichtes Ziehen im Brustmuskel spüren. Anschließend führen Sie diese Bewegung mit dem linken Arm durch. Machen Sie zu Anfang 10 Wiederholungen mit jedem Arm.

Position 6a: Die beidseitige W-Stellung

Dies ist eine Variante der obigen Übung für Fortgeschrittene, die Sie erst nach sicherem Beherrschen der einseitigen W-Stellung durchführen sollten. Von der gleichen Grundstellung ausgehend, bewegen Sie nun beide Arme gleichzeitig seitwärts nach hinten und leicht nach oben. Die Bewegung ähnelt der Armbewegung beim Brustschwimmen, wobei die Betonung nicht auf das Vorstrecken, sondern auf das Ausschwingen seitwärts nach oben gerichtet ist. Bei richtiger Ausführung spüren Sie von Schulter zu Schulter einen deutlichen Zug in den Brustmuskeln.

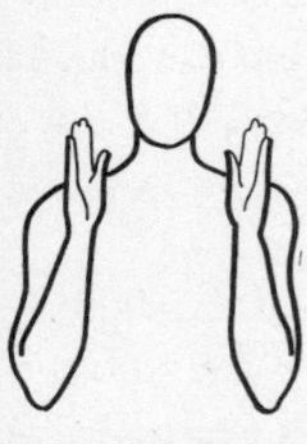

Abbildung 8: W-Stellung

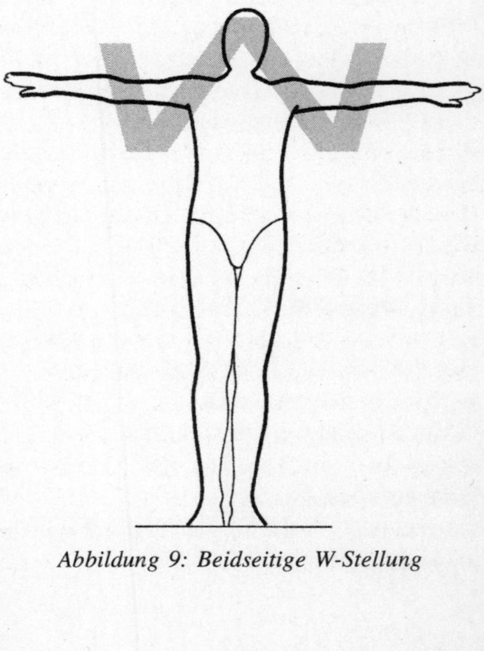

Abbildung 9: Beidseitige W-Stellung

Diese ersten sechs Runen-Übungen des Trainings bringen die natürliche, immer vorhandene Lebensenergie zum ungehinderten Fließen. Sie bauen Muskelspannungen ab und aktivieren das Drüsensystem in Ihrem Körper, wodurch Sie zu mehr Harmonie und Ausgeglichenheit finden. Die Power-Übung (siehe Seite 44 ff.) aktiviert Ihr inneres Kraftwerk, Ihren „Lebensenergie-Generator". Durch die richtige Anspannung des Pc-Muskels, die Sie mit der Power-Übung erlernen, kann nämlich vermehrt Lebensenergie über das Rückenmark, die Nerven und über das Gewebe in Ihr Gehirn sowie in alle Zellen strömen. Die durch die Runen-Übungen leitfähig gemachten Energiebahnen lassen diese zusätzliche Energie nun ungehindert im Körper kreisen. Es kommt zur Aufladung des Gehirns mit all den begleitenden Wirkungen. Bevor Sie zur Power-Übung schreiten, sollten Sie aber einiges über den Pc-Muskel erfahren.

Der Pc-Muskel

Die Lage des Pc-Muskels zeigt Ihnen Abbildung 2 (Seite 24). Er verläuft bei Mann und Frau, vereinfacht gesagt, vom Schambein zum Steißbein. Bei Tieren sorgt dieser Muskel unter anderem auch für das Schwanzwedeln. Beim Menschen stützt der Pc-Muskel den Anus und die angrenzenden inneren Organe, er sorgt dafür, daß diese nicht absinken.
Er liegt zwei bis drei Zentimeter unter der Hautoberfläche. Der Muskel wird größtenteils vom sogenannten Pudendusnerv gesteuert, der die Aktivität der Geschlechtsorgane und des Anus registriert, Signale an das Gehirn sendet und wieder zurückleitet.
Vom Pc-Muskel reicht eine Nervenverbindung zum Beckennerv. Eine Abzweigung des Beckennervs verbindet bei der Frau die Gebärmutter und die Blase – beim Mann Blase und Prostata – mit dem unteren Teil der Wirbelsäule. Ist der Pc-Muskel stark, ist er der größte Energielieferant. Das Anspannen des Pc-Muskels löst aber noch etwas anderes aus: es stimuliert beim Mann die Prostata und bei der Frau die Gebärmutter. Dadurch werden Hormone und Endorphine, körpereigene schmerzstillende Botenstoffe, freigesetzt, die eine seelische Hochstimmung auslösen.
Normalerweise wird der Pc-Muskel durch regelmäßigen Geschlechtsverkehr elastisch gehalten. Passiert das nicht, wird er ständig schwächer, er atrophiert,

wie die Ärzte das nennen. Glücklicherweise kann man den Pc-Muskel, wie fast alle anderen Muskeln des Körpers, durch entsprechende Übungen kräftigen.
Wenn jemand lange ohne Partner und sexuelle Betätigung ist, kann es vorkommen, daß der Pc-Muskel zuerst einmal reaktiviert werden muß. Der Pc-Muskel kann aber auch durch schlechte Körperhaltung, z. B. bei ständig vorgeschobenem Becken im Stehen, Gehen und Sitzen, schwächer werden. Denn in einer solchen Haltung wird der Pc-Muskel von einer guten Durchblutung und Energieversorgung abgeschnitten. Auch nach einer Geburt haben viele Frauen Schwierigkeiten mit einem schwachen Pc-Muskel, wodurch es dann nicht nur zu sexuellen Problemen kommt, sondern auch zu Depressionen und ständiger Müdigkeit. Viele Trainierende haben darüber berichtet, daß sich die Pc-Muskel-Übung bei Hämorrhoiden, den schmerzhaften Erweiterungen der Blutgefäße um den After, positiv auswirkt. Mein Tip dazu wäre, daß Sie die Pc-Muskel-Übung bei starken Hämorrhoiden anfangs im Liegen durchführen. Die Sexualität, bzw. die Sexualenergie oder Lebensenergie, ist die Kraft, die unser Leben weitestgehend mitgestaltet. Der Pc-Muskel, als einer unserer wirksamsten Kraftquellen im Körper, ist beteiligt am höchsten Schöpfungsakt, zu dem Menschen fähig sind: an der Fortpflanzung. Die Energie, die Leben erschafft, ist auch die Energie, die das Leben erhält.
Diese Energie zu nutzen ermöglicht das PcE-Training. Vergessen Sie nicht: Diese Energie kommt aus unserem Beckenbereich und ist mit unserer Sexualität eng verbunden, sie kommt also eigentlich aus einer Tabuzone. Andere Kulturen und Religionslehren sahen dies nicht so wie wir. Wie gesagt, sahen die Systeme des indischen Yoga in der Sexualenergie immer auch die für sie heilige Lebensenergie (Kundalini), die, einmal erweckt, über das Rückenmark aufsteigend unser Gehirn erreicht. Hunderte Jahre vor unserer Zeit nahmen sie unsere Entdeckung vorweg. Ihre Systeme des Tantra und des Kundalini-Yoga sind heute noch Zeugen dieses Wissens.

Aufbauübung für den Pc-Muskel

Um Ihren Pc-Muskel zu stärken, setzen Sie sich auf ein Kissen oder einen Stuhl (siehe Abbildungen 10 und 11). Achten Sie darauf, daß Ihre Wirbelsäule absolut gerade ist, und entspannen Sie Rücken, Schultern, Nacken, Arme, Hals

und Kopf. Beugen Sie den Kopf leicht nach vorne. Schließen Sie die Augen.
Spannen Sie nun den Pc-Muskel 3 Sekunden lang an. Das geschieht, indem Sie die Schließmuskeln um den After zusammenziehen und die Genitalmuskeln anspannen. Wenn Sie das richtig machen, entsteht dabei ein Gefühl, als würde sich der ganze Beckenbodenbereich nach oben ziehen. Atmen Sie während des Anspannens langam und ruhig ein. Wenn Ihnen 3 Sekunden am Anfang zu lange erscheinen – da Ihr Pc-Muskel zu schwach ist –, beginnen Sie mit 1 oder 2 Sekunden. Während Sie ausatmen, lösen Sie die Muskelspannung komplett.
Machen Sie das anfangs 10mal hintereinander oder so lange Sie können, jedoch zu Beginn nicht länger als 5 Minuten. Nehmen Kraft und Ausdauer nach ca. einer Woche zu, steigern Sie das Anspannen des Muskels, so lange Sie brauchen, um im Geist von 1 bis 10 zu zählen.

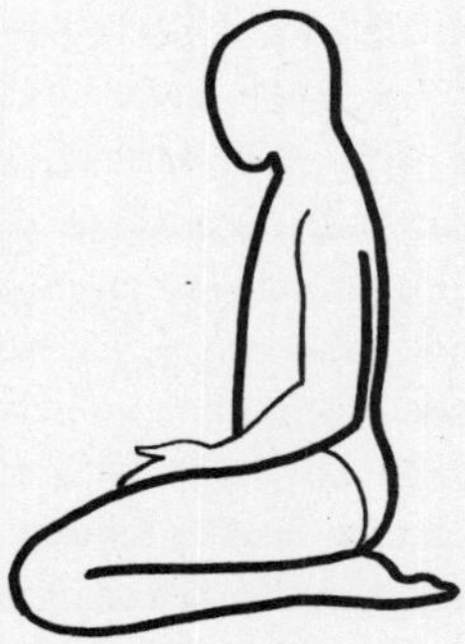

Abbildung 10: Fersensitz

Dann entspannen Sie ebensolange, wie Sie angespannt haben. Vergessen Sie die Entspannungsphase nicht, und entspannen Sie dabei bewußt den Pc-Muskel. Die meiste Energie fließt nämlich in der *Entspannungs*phase, also *nach* dem Anspannen. Also: anspannen, bis 10 zählen, dann genausolange entspannen. Wiederholen Sie diesen Vorgang immer wieder 5 Minuten lang.
Legen Sie danach eine Pause von 1 Minute ein. Dann versuchen Sie, den Muskel schnell (10mal hintereinander) anzuspannen und zu entspannen. Zuerst

können Sie vielleicht gar nicht sicher sagen, ob der Pc-Muskel gerade angespannt oder entspannt ist, doch mit etwas Übung wird das einfacher, und ihr Körperbewußtsein erfaßt auch die Tätigkeit des Pc-Muskels.

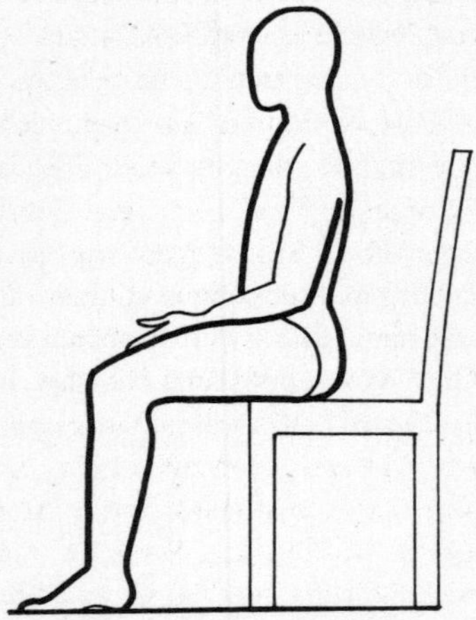

Abbildung 11: Richtiges Sitzen auf einem Stuhl

Wiederholen Sie wieder den ersten Teil der Übung. 10mal anspannen, dabei bis 10 zählen, entspannen und bis 10 zählen. Dies 5 Minuten lang, danach 1 Minute Pause. Darauf folgen wieder 10 schnelle Kontraktionen. Jetzt noch ein drittes und letztes Mal den ganzen Durchgang. Lassen Sie sich nicht entmutigen, falls Ihnen zu Beginn das beschriebene Programm nicht ganz gelingen sollte. Mit jedem Übungstag wird Ihre Ausdauer besser und der Muskel kräftiger. Manche Trainierenden verspüren ein leichtes Ziehen im Beckenbereich (Frauen vergleichen dieses Ziehen manchmal mit dem Gefühl, das bei der Menstruation zu spüren ist). Das ist normal und bedeutet nur, daß der Pc-Muskel reagiert.
Nach einigem Üben sollten Sie sich darauf konzentrieren, ob Sie ein Kribbeln oder ein leichtes Ziehen in der Wirbelsäule und vor allem im Stirnbereich zwischen den Augen verspüren. Das Gefühl könnte auch einem leichten elektrischen Schlag ähnlich sein oder einem Kitzeln. Wenn Sie während der Übung

die Energie (bis in den Kopf) aufsteigen fühlen, bedeutet dies, daß alle sieben Drüsenzentren (die Hindus nennen sie „Chakren“, siehe Abbildung 14, Seite 58) frei von Blockaden sind. Wenn Sie während der Übungen nichts fühlen, muß irgendwo eine Blockade vorhanden sein. Die Runen-Übungen 1 bis 6 werden Ihnen helfen, diese Blockaden schon bald abzubauen.
Üben Sie mindestens eine Woche lang zweimal täglich 15 Minuten. Wenn der Pc-Muskel zu schwach ist – das merken Sie daran, daß Sie die Übungen anstrengen –, so müssen Sie eventuell eine weitere Woche Aufbautraining absolvieren. Erhoffen Sie sich davon noch keine Wunder, zumeist braucht ein schwacher Pc-Muskel einige Zeit zur Straffung. Beim Üben vergessen Sie bitte nicht, die Anspannungen des Pc-Muskels *ohne* gleichzeitiges Anspannen von Gesäß-, Oberschenkel- und Bauchmuskulatur durchzuführen. *Nur* der Beckenbodenmuskel darf angespannt werden. Nach einer Woche etwa, aber spätestens nach zwei, drei Wochen, sollten Sie das Training schon so weit gebracht haben, daß pro Tag 300 Kontraktionen möglich sind.
Wie bei jedem Trainingsprogramm ist es auch beim Pc-Muskel-Training besser, langsam zu beginnen und erst allmählich die Intensität zu steigern. Dadurch vermeiden Sie einen Muskelkater. Schmerzt der Muskel dennoch, so lassen Sie die Übungen für ein bis zwei Tage ausfallen. Nach dieser Pause, in der sich der Muskel erholen kann, nehmen Sie die Übungen wieder auf. 300 Kontraktionen pro Tag, davon 100 auf einmal, sind wie gesagt erstrebenswert. Anschließend genügt es, wenn Sie Kontraktionsübungen durchführen, wann immer Sie daran denken und wenn Sie Ihr tägliches PcE-Training ausführen. Hilfreich ist es, diese Aufbauübung immer bei einer bestimmten Tätigkeit durchzuführen, die nicht Ihre ständige Aufmerksamkeit erfordert (z. B. bei der Hausarbeit, beim Fernsehen ...). Auch das Mitzählen ist dann nicht mehr notwendig. Regelmäßiges PcE-Training müßte nun Ihren Pc-Muskel in einem guten Zustand erhalten. Doch üben Sie immer wieder zwischendurch, es kann Ihrem Gesundheitszustand nur zugute kommen.
Nun haben Sie das Aufbauprogramm abgeschlossen, und Ihr Pc-Muskel ist stark genug, Sie mit genügend Energie zu versorgen. Dies ist nun die Basis für den nächsten Schritt, für die Power-Übung.

Die Power-Übung

Teil I: Die langsame Übung

Richten Sie Ihre Wirbelsäule so aus, wie Sie es bei der Pc-Muskel-Aufbauübung gelernt haben (siehe Seite 40 ff.). Achten Sie darauf, daß die Haltung stimmt, denn sie ermöglicht den ungehinderten Energiefluß.

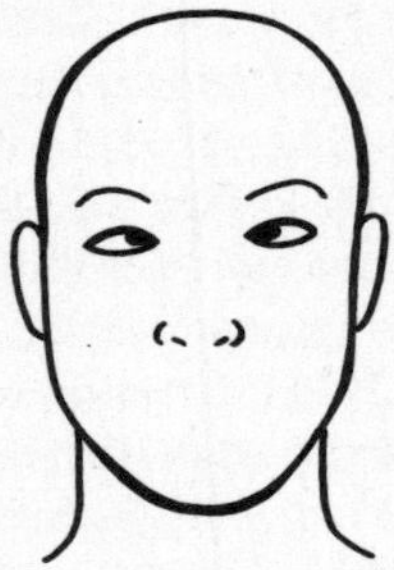

Abbildung 12: Die Stellung der Augen während des Übens

Schließen Sie Ihre Augen, und drehen Sie diese unter den geschlossenen Augenlidern in Richtung Nasenwurzel (siehe Abbildung 12). Achten Sie darauf, daß dies ohne Anspannen der Augen- oder Stirnmuskulatur geschieht. Legen Sie Ihre Zunge ohne Druck auf den Gaumen. Diese Haltung sollten Sie während der gesamten Übung beibehalten. Löst sich dieser innere Blick während des Übens von der Nasenwurzel, oder löst sich die Zunge vom Gaumen, so sollte Sie das nicht weiter beunruhigen (mit jeder Übung wird es Ihnen leichter gelingen). Korrigieren Sie in aller Ruhe Ihre Position neu.
Nun spannen Sie wie bei der Aufbauübung Ihren Beckenbodenmuskel an und zählen dabei langsam bis 10, während Sie die Spannung halten. Atmen Sie beim Anspannen ruhig ein. Wenn die Lunge gefüllt ist, halten Sie den Atem so lange an, bis Sie bei der Zahl 10 angelangt sind. Da Sie Ihren Muskel schon durch die Aufbauübung gestärkt haben, dürfte Ihnen das keine Probleme mehr bereiten. Bei der Zahl 10 angelangt, entspannen Sie Ihren Muskel. Achten

Sie jedesmal auf die komplette Entspannung, sonst kann beim nächsten Anspannen nur wenig Energie fließen. Das Entspannen regeneriert Ihren Energiegenerator ständig neu. Zählen Sie nun auch beim Entspannen von 1 bis 10. Atmen Sie dabei langsam aus, und pausieren Sie mit dem Atmen, bis Sie die Zahl 10 erreicht haben. Sollte es Ihnen schwerfallen, mit dem Atmen bis 10 zu pausieren, atmen Sie dazwischen ruhig noch einmal ein und aus, während Sie den Pc-Muskel entspannt lassen. Danach spannen Sie den Muskel wieder an und atmen begleitend wie beschrieben ein. Diese Übung sollten Sie nun 20- bis 30mal durchführen. Wie oft Sie den Muskel aktivieren und entspannen (ob 20- oder 30mal), hängt davon ab, wie stark er bereits ist. Je stärker er ist, um so weniger oft müssen Sie die Übung wiederholen. Denn je fortgeschrittener Sie sind, um so stärker ist Ihr Pc-Muskel. Fühlen Sie bei der Übung Anstrengung, so machen Sie 30 Durchgänge. Fühlen Sie, daß der Muskel stark ist, machen Sie mindestens 20 Anspannungsübungen komplett durch. Weniger als 20 korrekt durchgeführte Übungen wären in diesem Stadium nicht sinnvoll. Achten Sie bei der Übung immer auf die richtige Atmung.

Teil II: Die schnelle Übung

Gehen Sie ohne Pause oder Haltungsänderung von Teil I in Teil II über. Achten Sie wieder auf die Stellung der Augen und die Haltung der Zunge. Nun spannen Sie Ihren Pc-Muskel schnell an, und ziehen Sie dabei auch schnell und gleichzeitig die Luft durch die Nase ein. Das Anspannen und Einatmen soll nicht länger als 1 bis 2 Sekunden dauern.
Danach entspannen Sie sofort und ohne Pause den Pc-Muskel und atmen gleichzeitig stoßartig aus. Unmittelbar nach dem Ausatmen und Entspannen, das auch nicht länger als 1 bis 2 Sekunden dauern soll, spannen Sie den Pc-Muskel wieder an und atmen ein.
Diese Übung sollten Sie nun mindestens 30mal wiederholen, also 30mal anspannen/einatmen und 30mal entspannen/ausatmen. Öfter als 60mal ist nicht nötig, auch nicht für Fortgeschrittene (außer Sie wollen meditieren – siehe Seite 56 f.).

Bleiben Sie nach Abschluß aller Übungen mindestens eine Minute ruhig sitzen,

lösen Sie dann die Zunge von Ihrem Gaumen, und führen Sie Ihre Augen wieder in die normale Stellung zurück. Öffnen Sie langsam die Augen, und atmen Sie nun einmal tief und fest ein und aus. Reiben Sie Ihre Handflächen aneinander, und stehen Sie langsam auf. Wenn Sie die Übungen richtig durchführen, spüren Sie vielleicht ein Wärme- oder Hitzegefühl im Körper, vor allem im Rückenbereich.
Die so aktivierte Energie fließt die nächsten Stunden in einem stetigen Kreislauf durch Ihr Nervensystem, belebt und verjüngt Ihre Zellen und aktiviert Ihr Gehirn.

Am Tag sorgen diese Übungen für Energie über ca. 12 Stunden. Am Abend sorgen sie für die Regeneration Ihres Körpers und des Gehirns. Daher sollten Sie die Grundübungen (6 Runen-Übungen und die Power-Übung) morgens vor Arbeitsbeginn durchführen (wenn möglich zu Hause), um Kraft für den ganzen Tag zu gewinnen. Abends als Abschluß des Tages, um nochmals den ungestörten und verstärkten Energiefluß zu erleben, der für eine tiefe Regenerierung und zur Aufladung jeder einzelnen Zelle mit neuer Energie nötig ist. Nur wenn Sie die angegebenen Übungen regelmäßig morgens und abends durchführen, kommt es zu einer dauerhaften Veränderung in Ihnen. Bedenken Sie: Jeder Übungszyklus bringt Energie für 12 Stunden. Sie sollten daher die Übungen so einteilen, daß Sie Ihr Energieniveau gleichmäßig über 24 Stunden anheben. Sollten trotzdem Energielücken entstehen, so genügt es, bei erhöhter persönlicher Beanspruchung zwischendurch den Pc-Muskel 10mal anzuspannen – und ein sofortiger Energiezuwachs stellt sich ein.

Die gestörte Lebensenergie

Nichts kann die Lebensenergie eines Menschen stärker und vor allem so dauerhaft stören wie Muskelverspannungen.
Muskelverspannungen und Anspannung ganz allgemein beherrschen unser Leben. Jeder wie auch immer geartete Impuls, jede Veränderung unserer Lebensumstände, jede Emotion erzeugt Spannung in unserem Körper. Diese Spannungen zeigen sich in unseren Muskeln. Diese wieder werden von unserem Nervensystem beeinflußt und gesteuert. So dienen unsere Muskeln im weitesten Sinne auch als Vermittler zwischen Geist und Körper. Einerseits unter-

1. Woche

- Mit Blick nach Westen stehen
  U-Stellung: 10-15 langsame Atemzüge (40 - 60 sek.)
  I -Stellung: 10-15 langsame Atemzüge
  Y -Stellung: 10-15 langsame Atemzüge
  F -Stellung: 10-15 langsame Atemzüge Fingerhaltung!
  T -Stellung: 10-15 langsame Atemzüge
  W-Stellung: je 10-15x nach rechts und links
  } 4 - 6 min.
- Kurz entspannen
- Sitzhaltung einnehmen, Rücken gerade

Aufbauübung für den Pc-Muskel

- 3 sek. anspannen - 3 sek. entspannen: 10 - 30x
  einige Atemzüge pausieren
- kurz anspannen und wieder loslassen: 10x
  einige Atemzüge pausieren
  } 3x wiederholen

2. Woche

- **Runen-Übungen**
  U-Stellung
  I -Stellung
  Y -Stellung
  F -Stellung
  T -Stellung
  } je 15 - 20 langsame Atemzüge
  W-Stellung: 10-15x rechts und links
- Entspannen
- Sitzhaltung einnehmen, Rücken aufrecht, Augen schließen, Zunge am Gaumen
- **Langsame Power-Übung:**
  einatmen und anspannen - bis 10 zählen
  ausatmen und entspannen - bis 10 zählen
  } 10-20x wiederholen
- 1 min. ausklingen lassen

Re TRAINING 3. Woche

- **Runen-Übungen**

  U-, I-, Y-, F-, T-Stellung - je 20 - 25 langsame Atemzüge
  W-Stellung je 10-15x rechts und links
- Entspannen
- Sitzhaltung einnehmen, Rücken aufrecht, Augen- und Zungenhaltung beachten
- **Langsame Power-Übung**

  einatmen und anspannen - bis 10 zählen
  ausatmen und entspannen - bis 10 zählen } 15-25x wiederholen
- **Schnelle Power-Übung**

  1 sek. anspannen und einatmen
  1 sek. loslassen, stoßartig ausatmen } 15-25x wiederholen
- Abschluß: 1 min. ruhig sitzen bleiben

Re TRAINING ab 4. Woche

- **Runen-Übungen**

  U-, I-, Y-, F-, T-Stellung - je 20 - 30 Atemzüge
  W-Stellung je 10-15x rechts und links
- Entspannen
- Sitzhaltung einnehmen, Rücken aufrecht, Augen und Zungenhaltung
- **Langsame Power-Übung**

  Einatmen und Anspannen - bis 10 (15) zählen
  Ausatmen und Entspannen - bis 10 (15) zählen } 20 - 30x wiederholen
- **Schnelle Power-Übung**

  1 - 2 sek. anspannen und einatmen
  1 - 2 sek. loslassen, stoßartig ausatmen } 20 - 30x wiederholen
- Abschluß: 1 min. ruhig sitzen bleiben und langsam atmen

liegen die meisten der willentlichen Steuerung durch unsere Gedanken, andererseits drücken sie alle unsere inneren, seelischen Regungen in Form von Spannungen aus. Vieles läuft instinktiv und automatisch ab. Bei Angst spannen sich z. B. vor allem die Muskeln im Schulterbereich, aber auch die der Stirn an, ohne daß wir es bemerken. Streß wirkt sich immer in Form von meßbaren Muskelverspannungen aus. Dauerstreß, dauernde Ängste führen zu chronischen Verspannungen. Seelische Spannungen setzen sich immer in körperlich-muskulärer Anspannung fest, dem sogenannten Muskelpanzer.

Das PcE-Training hilft Ihnen, diese Spannungen abzubauen und die Energie frei fließen zu lassen.

Teil II
Das PcE-Training für Fortgeschrittene

Energie von innen

Energie ist Weiterentwicklung

Tief verwurzelte Instinkte steuern bei allen Lebewesen – mit Ausnahme des Menschen – das soziale Verhalten. Die Evolution befreite uns zu großen Teilen von der instinktmäßigen Steuerung. Wir können denken, fühlen und wollen, und sind uns dessen bewußt. Doch wenn wir zu wenig Energie haben, regieren nur noch unsere Instinkte. Aus dieser inneren Schwäche entstehen Ängste, Aggressionen und Gier.

Eine Zunahme der inneren Energie und eine damit verbundene geistige Weiterentwicklung des Menschen könnte somit gleichbedeutend sein mit einem Abbau von Konflikten, die aus Urinstinkten entstehen: Kriege, blutige Revolutionen und Rassenhaß.

Daß hier nicht einfach nur spekuliert wird, zeigen die Ergebnisse unserer Forschungen. Es gelang uns, neue Erkenntnisse zu sammeln, die darauf hinweisen, daß eine Zunahme unserer Gehirnleistung auf einem höheren Energieniveau möglich ist.

Durch die Zunahme der Lebensenergie ist es aber auch möglich, einzelne Organe positiv zu beeinflussen. Dies kann schon erfolgen, während die Energie über das Rückenmark ins Gehirn und dann vom Gehirn ins Nervensystem gelangt. Das heißt, der Gesundheitszustand des Trainierenden verbessert sich, das Immunsystem wird gestärkt.

Fließt noch mehr Energie ins Gehirn, reagiert dieses zuerst mit typischen Überreizungsphänomenen (ein auch aus der Kundalini-Yoga-Praxis bekanntes Phänomen). Diese zeigen sich z. B. als Schwindelgefühl, Ohrgeräusche, optische Effekte wie Lichtpunkte oder Blitze hinter geschlossenen Augenlidern, aber auch als Zucken der Füße und Beine, Kribbel- und Hitzegefühle im ganzen Körper, Bewegungsgefühle in der Wirbelsäule, zeitweise schwache Sehstörungen und verschiedenartige Gemütsschwankungen (siehe auch „Vorübergehende Nebenwirkungen“, Seite 86).

Die Untersuchung dieser Erscheinungen ergab, daß verschiedene Zellgruppen im Gehirn – die schon bei geringen elektrischen Spannungen ansprechen – durch das Angebot von mehr Energie mitaktiviert und somit gereizt werden. Tritt das öfter auf, so reagiert unser Gehirn mit einem einfachen und effizienten Mittel: es „isoliert“ die überreizten Zellen. Das bedeutet, die Zellgruppen

werden etwas unempfindlicher und mit der Zeit erst bei einer höheren Schaltspannung aktiv. Dadurch werden einige Hirnzentren desensibilisiert. Dies hat zur Folge, daß der Mensch – der eine solche Desensibilisierung an sich durchgeführt hat – gegen viele streßbezogene Störungen und Ängste weitestgehend abgeschirmt wird.
Noch interessanter wird es, wenn diese erste Periode der Desensibilisierung, die zumeist einige Wochen dauert, abgeschlossen ist. Dann nämlich schalten sich verschiedene störende Zellgruppen nicht mehr unwillkürlich – schon bei wenig Gehirnenergie – ein. So können andere Hirnareale, die nie zum Einsatz gekommen wären, da sich ja zuvor immer blockierende Hirnareale eingeschaltet hätten, aktiv werden. Das alles konnten wir mit Hilfe des von uns entwickelten PcE-Scanners überprüfen. Er ermöglicht Messungen entlang der Wirbelsäule und zeigt so den Weg der Energie und eventuelle Stauzonen.[3]

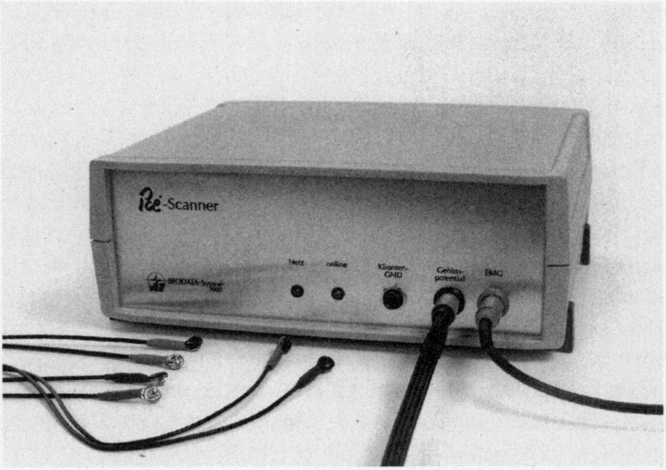

Abbildung 13: Der neuentwickelte PcE-Scanner zur Messung der Lebensenergie – direkt an jeden modernen Personalcomputer anschließbar

Die Konsequenz dieser Entdeckung ist für die Wissenschaft noch in keiner Weise abzuschätzen. Denn dadurch ist es für den einzelnen Menschen möglich geworden, sein Bewußtsein weiterzuentwickeln und seine Fähigkeiten zu steigern. Dieser Prozeß beginnt dann, wenn die innere Energie über einige Zeit regelmäßig verstärkt wird (z. B. durch PcE-Training), und ist, wie gesagt, weitestgehend meßtechnisch überprüfbar und somit auch gezielt einsetzbar. Ebenso zeigen geeignete psychologische Tests eine positive Veränderung und Weiterentwicklung der Persönlichkeit an.

Die Messungen der Lebensenergie und vor allem der inneren Prozesse, die bei einer Steigerung der inneren Energie ablaufen, bringen uns immer neue Erkenntnisse und vor allem mehr Verständnis über innere Abläufe, die weit über das bisher Bekannte und Vorstellbare hinausgehen. Diese neue, wissenschaftliche Erforschung der schon jahrtausendealten Phänomene weist einen möglichen Weg ins nächste Jahrtausend. Die energetische Stimulierung des Gehirns bringt auch eine Veränderung (Anhebung) der Schaltempfindlichkeit einzelner hypersensibler Hirn- und Rückenmarkszellen mit sich. Diese Desensibilisierung bewirkt ein Freiwerden von inneren Spannungen und unbewußt ablaufenden Regelkreisen. Ein besseres Streßmanagement und eine höhere innere Belastbarkeit sind die Folge.

Es zeigte sich, daß ein Anheben der Lebensenergie eine stärkende Wirkung auf den Kreislauf und auf das gesamte Nervensystem hat. Die Zunahme der inneren Energie scheint eine bestimmte Kontrollinstanz im Gehirn auszuschalten, so daß Wahrnehmungen plötzlich völlig frei aufgenommen und interpretiert werden können.

Erst jetzt läßt sich die Gehirnenergie weiter anheben, ohne daß störende körperliche wie sensorische Effekte auftreten oder innere Regelmechanismen „schützend“ die Energie blockieren. Bis dahin nicht genutzte, höhere Hirnzentren werden dazugeschaltet. Dies sind Zentren, die erst bei höheren Schaltspannungen (Aktivierungspotentialen) reagieren können. Es kommt zu einer Bewußtseinserweiterung, sozusagen zu einem Aufstieg in Richtung höherer Ordnung.

Abnorme geistige Zustände wie Ängste, Depressionen, Zwangsvorstellungen, die Neigung zu Wutanfällen, Schizophrenie und Hyperaktivität bei Kindern, um nur einige zu nennen, lassen sich durch die Vermehrung der Energie im Gehirn positiv beeinflussen oder beheben. Denn alle diese Störungen können nur in Begleitung eines starken energetischen Abfalls der Gehirnaktivität entstehen.

Die PcE-Meditation

Um eine weitere Energiezunahme zu erreichen, können Sie nach mindestens vier Wochen PcE-Training mit der PcE-Meditation beginnen.

Die erste Stufe

Setzen Sie sich bequem und mit aufrechter Wirbelsäule (z. B. im Fersensitz, wenn Sie können, im Lotussitz) auf eine harte Unterlage. Kontrollieren und lösen Sie eventuelle Muskelverspannungen. Legen Sie Daumen und Zeigefinger aneinander, so daß Sie Ihren eigenen Puls zwischen den Fingerkuppen fühlen können („Fingerpulsfühlen"), das entspannt. Legen Sie die Hände in dieser Haltung in den Schoß, und fühlen Sie bewußt Ihren Puls. Zählen Sie nun 50 Pulsschläge mit, und lassen Sie dabei Ihren Atem ruhig und gleichmäßig fließen. Diese Übung baut weitere Spannungen, vor allem im Bereich der glatten Muskulatur, ab. Legen Sie Ihre Zunge flach und mit sanftem Druck auf den Gaumen. Wenn Sie die Augen noch nicht geschlossen haben, so schließen Sie sie jetzt. Drehen Sie Ihre Augen in Richtung Nasenwurzel (siehe Abbildung 12, Seite 44), und halten Sie die Augenlider dabei weiterhin geschlossen. Diese Augenstellung fördert den Alpha-Rhythmus im EEG und somit die Entspannung des Gehirns.
Nun gehen Sie zur Power-Übung über. Beginnen Sie mit der langsamen Power-Übung, und laden Sie Ihr Gehirn und Ihren Körper mit Lebensenergie auf. Erwecken Sie die Schlangenkraft. Spannen Sie den schon seit einiger Zeit gut trainierten Beckenbodenmuskel für etwa 10 Sekunden an, atmen Sie dabei langsam und tief ein, und halten Sie den Atem so lange an, bis Sie bei 10 angelangt sind. Das langsame Zählen von 1 bis 10 soll zur Zeitorientierung dienen. Bei 10 entspannen Sie den Pc-Muskel wieder komplett, und atmen Sie dabei aus. Während des Ausatmens wieder von 1 bis 10 zählen. Berücksichtigen Sie beim Ausatmen, daß es erst bei der Zahl 10 abgeschlossen sein soll.
Atmen Sie beim Anspannen und auch beim Entspannen immer harmonisch, gleichmäßig und ruhig. Achten Sie bei dieser Übung ganz besonders darauf, daß keine anderen Muskeln verspannt oder mit angespannt werden. Weder die Bauch- noch die Gesäß- oder die Schultermuskulatur sollte angespannt

sein. Überprüfen Sie im Geist ruhig Ihren Körper, lockern Sie Ihre Muskeln im Falle von Verspannungen. Wenn nötig, bewegen Sie die betreffende Körperpartie, um aufgestaute Spannungen zu lösen. Die Energie kann nun ohne Hindernis fließen, und die Kraft kann sich entfalten. Wiederholen Sie nun diese Übung anfangs etwa 50mal, später, als Fortgeschrittener, bis zu 100mal.

Die zweite Stufe

Wenn Sie diese Übung etwa drei Wochen lang durchgeführt haben, können Sie mit der zweiten Stufe der PcE-Meditation beginnen. (Bitte nicht früher, denn Ihr Gehirn und Ihr Nervensystem brauchen Zeit, um mit dem größeren Angebot an Lebensenergie umgehen zu können.) Sollten sich bei den Übungen manchmal Kopfschmerzen, vor allem einseitiger Kopfdruck einstellen, ist das ein Zeichen dafür, daß sich Ihr Gehirn mit dem Mehrangebot an Energie auseinandersetzt. Die schwächere Gehirnhälfte wird vermehrt aktiviert, brachliegende Zellstrukturen werden aufgeladen. Das kann vorübergehend Spannungskopfschmerzen mit sich bringen, die aber schon nach sehr kurzer Zeit wieder ganz verschwinden. Durch die einfachen Harmonisierungsübungen für Drüsen und Wirbelsäule, die Runen-Übungen, lassen sich Spannungen und Energiestörungen, die diesen Prozeß begleiten, ausräumen. An die 100 Power-Übungen der Stufe eins im 10-Sekunden-Takt schließen Sie nun 100 schnelle Power-Übungen an. Sie spannen den Pc-Muskel ca. 1 Sekunde schnell und fest an und atmen dabei rasch und tief ein.
Sofort atmen Sie wieder ganz aus und entspannen den Pc-Muskel nun restlos. Spannen und entspannen Sie den Muskel jedesmal so schnell Sie können, und atmen Sie parallel und stoßartig dazu ein und aus. Machen Sie zwischen Anspannung und Entspannung möglichst keine Pause.
Anspannen mit dem Einatmen, entspannen mit Ausatmen, und das 100mal.
Auch diese Übung sollten Sie aus Gewöhnungs- und Aufbaugründen drei Wochen durchführen.

So meditieren Sie richtig

1. Führen Sie die Harmonisierungsübungen (Runen-Übungen 1 bis 6) für Drüsen und Wirbelsäule aus.
2. Nehmen Sie die Meditationshaltung mit Blick in Richtung Westen ein.
3. Achten Sie auf die richtige Haltung, und suchen Sie den Körper nochmals nach Muskelblockaden ab.
4. Fühlen Sie Ihren Fingerpuls, und zählen Sie Ihren Pulsschlag so lange, bis Sie 50 Pulsschläge erreicht haben.
5. Legen Sie Ihre Zunge an den Gaumen, belassen Sie sie für die Dauer der Meditation dort.
6. Drehen Sie Ihre Augen Richtung Nasenwurzel, belassen Sie Ihren Blick für die Dauer der Meditation dort. Gleiten Sie davon ab, bringen Sie die Blickrichtung wieder zur Nasenwurzel.
7. Beginnen Sie mit der langsamen Power-Übung. Führen Sie diese mit rhythmischer Atmung 100mal durch.
8. Schließen Sie nun an die langsamen 100 Power-Übungen die 100 schnellen Power-Übungen an.

Meditation mit Visualisation einzelner Chakren

Mittels Elektromyogrammuntersuchung (EMG) des Pc-Muskels zeigte sich bei Kundalini-Yoga-Techniken, daß eine meßbare Erhöhung des Pc-Muskel-Tonus erfolgt, wenn der Übende sich auf das im Beckenbereich gelegene Chakra konzentriert. Es kommt also bei starker Konzentration auf den Beckenbereich bei vielen Menschen zu einer leichten, bei manchen auch zu einer starken Anspannung des Pc-Muskels. Das weist darauf hin, daß auch bei der Meditation die Hauptenergie aus dem Becken aufsteigt.
Der Ablauf dieser Meditationsstufe ist der gleiche wie in der vorangegangenen Stufe. Doch nun unterstützen Sie die Übungen mit einer Visualisation. Das heißt, beim Muskelanspannen und gleichzeitigen Einatmen konzentrieren Sie

Ihren Geist auf den Punkt zwischen den Augen (auf die Nasenwurzel). Halten Sie die Augen auf diesen Punkt fixiert und geschlossen. Beim Anspannen des Pc-Muskels stellen Sie sich vor, wie die so aktivierte Energie aus dem Becken durch die Wirbelsäule zu Ihrem Konzentrationspunkt fließt. Sie können sich auch vorstellen, wie die einzelnen Chakren und Drüsenzentren mit Energie aufgeladen werden. Stellen Sie sich diese Energie als weißes Licht, als lebendige Kraft vor. Wenn Sie die Technik wie beschrieben durchführen und die Augen auch weiter auf die Nasenwurzel richten, wird Ihnen diese Visualisationstechnik leichtfallen. Bei jedem Anspannen des Muskels fließt die Energie vom Becken entlang des Rückenmarks ins Gehirn und wird dort gespeichert. Sie kommen, nach einiger Praxis, schnell in einen ekstatischen, tranceartigen Zustand. Tritt dieser ein, können Sie die Power-Übung beenden. Verlangsamen Sie Ihre Atmung, atmen Sie ruhig und gleichmäßig, doch behalten Sie die Visualisation weiter bei. Stellen Sie sich – soweit dies möglich ist – vor, wie die Energie immer weiter in Ihren Kopf fließt und wie sie sich zwischen Ihren Augen konzentriert. Bei jedem Einatmen heben Sie die Energie im Geist weiter empor.

Wenn Sie zu einer noch höheren Meditationsstufe gelangen wollen, so bietet sich die PcE-Abschlußmeditation an.

Abbildung 14: Die Chakren: Energiezentren des Körpers

Abschlußmeditation

Diese Übung wird an die letzte Meditationsübung stufenlos angeschlossen. Behalten Sie die gleiche Haltung bei, lösen Sie jetzt allerdings die Zunge vom Gaumen, und lassen Sie die Augen zur Nasenwurzel gerichtet.

Ändern Sie Ihren Atem so, daß die Zeit des langsamen Ausatmens doppelt so lang wie die des Einatmens ist. Zwischen dem Ein- und Ausatmen wird eine kleine Pause von etwa 3 bis 5 Sekunden eingelegt, in der Sie zur Verstärkung noch den Pc-Muskel angespannt lassen. Beim Einatmen führen Sie den Atem vom Beckenboden aus unter Beifügung der lautlosen, nur in Gedanken gesprochenen Silbe „SO“ kraftvoll über die Wirbelsäule nach oben in den Kopf. Beim Ausatmen summen Sie hörbar den Buchstaben „M“. Sie sollten dabei eine leichte Vibration des Stirnbereichs zwischen den Augen verspüren. Also lautlos „SO“ während des Einatmens, Atem 3 bis 5 Sekunden anhalten, dann ausatmen und laut den Buchstaben „M“ summen. Sollten Sie die Vibration des „M“ nicht sofort zwischen den Augen fühlen, so experimentieren Sie einfach mit der Tonhöhe und der Lautstärke.

Wenn Sie die Vibration gut spüren, so machen Sie diese Übung einige Minuten lang weiter, dann sagen Sie das „M“ auch lautlos. Auch dabei sollten Sie eine deutlich wahrnehmbare Vibration an der Stirn fühlen.

Diese Übung wird durch die PcE-Laut-Meditation (siehe Seite 74) ersetzt.

Die PcE-Meisterübung

Wenn Sie nun die PcE-Meditation *mindestens sieben Monate* lang durchgeführt haben, können Sie die nachfolgend beschriebene PcE-Ekstasetechnik an die Meditation anschließen. Sie sollten aber bedenken, daß diese Übung eine nachhaltige Veränderung Ihres Nervensystems und ein Aktivieren von vielen brachliegenden Hirnarealen mit sich bringt. Die Meisterübung ist erst dann wirksam, wenn Ihr Pc-Muskel gut trainiert ist und Ihr Gehirn und Ihr Nervensystem an mehr Energie gewöhnt wurden.

Die PcE-Meisterübung muß mindestens 35 Minuten lang ununterbrochen durchgeführt werden. Zuvor müssen Sie alle Übungen des PcE-Trainings durchführen. An die Power-Übung (langsame und schnelle Pc-Muskelkontrak-

tion) können Sie dann anstelle der herkömmlichen Meditation sofort die Meisterübung anschließen. Die beste Uhrzeit für diese Meisterübung ist der späte Abend, also zwischen 21 und 23 Uhr.
Nehmen Sie wieder die richtige Sitzhaltung ein, richten Sie Ihr Gesicht nach Westen, und legen Sie einen kleinen Ball (Tennisball) so auf die Sitzfläche, daß er während der ganzen Übung fest auf den Damm drückt. Dieser Druck soll ständig spürbar sein. Dann spannen Sie den Pc-Muskel an, und halten Sie die Spannung 35 Minuten lang. Sollte Ihnen das anfangs noch nicht gelingen, so können Sie die Übung auch langsam auf 35 Minuten ausdehnen. Die ständige Anspannung läßt nun Ihr Gehirn mit Energie aufladen. Die geschlossenen Augen richten Sie zu Ihrer Nasenwurzel und legen die Zunge auf Ihren Gaumen. In dieser Phase der Meditation sollten Sie die Finger um den Daumen legen (wie beim Daumenhalten, siehe Abbildung 21, Seite 85) und nicht zu fest drücken. Legen Sie Ihre Hände dabei in den Schoß oder auf die Knie. Diese Daumenhaltung verhindert einen Energieverlust nach außen. (Öffnen Sie die Hände, so lassen Sie Ihre Energie nach außen austreten. Atmen Sie ohne Kontrolle. Verstärken Sie den Aufladeeffekt, indem Sie den gesamten Körper – im Sitzen – ca. 5 bis 10 Zentimeter langsam vor und zurück wippen lassen, der Druck durch den Tennisball auf den Damm sollte dadurch stärker und schwächer werden. Lassen Sie den Pc-Muskel während des Wippens aber weiter angespannt. Durch diese Übung sollte sich Ihre Atmung ganz von selbst verlangsamen und verflachen.
Wenn Sie die PcE-Meisterübung in den nächsten Monaten regelmäßig täglich einmal wiederholen, werden Sie über ihre Wirkung erstaunt sein. Sie führt direkt zu einer spürbaren Bewußtseinserweiterung. Lassen Sie einfach geschehen, was von selbst geschieht.

So wirkt die Energie noch besser

Unsere Forschungen haben eine weitere Möglichkeit aufgezeigt, direkt bestimmte Gehirnteile wie Thalamus, Hypothalamus, Hypophyse mit Energie aufzuladen. Diese Zentren sind besonders wichtige Schaltstellen für die Psyche und verschiedene Körperfunktionen. Durch die Auf-und-ab-Bewegung der Augäpfel unter den geschlossenen Augenlidern entsteht ein langsames elektrisches Wechselfeld unmittelbar in den dahinterliegenden Hirnteilen. In der

PcE-Meisterübung kann diese Art Feldgenerator nun dahingehend ausgenützt werden, daß er synchron zur Pc-Muskel-Anspannung betätigt wird.
Bevor Sie für den Rest der Meisterübung die Augen zur Nasenwurzel führen, können Sie sich mit noch mehr Energie aufladen, wenn Sie beim schnellen Anspannen des Pc-Muskels während der Meisterübung die Augen im gleichen Rhythmus dazu schnell nach oben in Richtung Nasenwurzel drehen.
Beim Entspannen des Pc-Muskels drehen Sie die Augen schnell nach unten. Wiederholen Sie das so oft, wie Sie den Pc-Muskel an- und entspannen. Dadurch tritt eine energetische Gleichschaltung beider Gehirnhälften ein. So entsteht ein Denken mit dem ganzen Gehirn, was zu einer Bewußtseinserweiterung, einer Ausgewogenheit zwischen Denken und Fühlen führt.[4]

Tip: Die Kopfkreisübung

Diese Übung löst Stauungen im Hals- und Kopfbereich.
Setzen Sie sich aufrecht hin, beugen Sie den Kopf 10mal nach vorne und vorsichtig nach hinten. Danach 10mal nach links und rechts. Dann kreisen Sie langsam mit dem Kopf in jede Richtung ebenso 10mal. Nehmen Sie sich für diese Übung genügend Zeit. Gerade die Drehbewegungen sollten Sie langsam und mit Gefühl durchführen.

Energie von außen

Die Wirkung elektrischer Felder

Unsere Untersuchungen haben gezeigt, daß eine willentliche Aktivierung der inneren Lebensenergie bestimmte Mängel des Gehirns beheben kann.
Mit dem fortschreitenden Wissen über die Mechanismen dieser inneren Kraft wird es der Wissenschaft eventuell gelingen, das zu erreichen, was bisher als unmöglich galt. Dazu muß man wissen, daß eine Beeinflussung des Erbsystems durch elektrische Ströme nachgewiesen ist.
Bis vor kurzem glaubte man, daß die Chromosomen, die kleinen, das Erbgut tragenden Fädchen in jedem Zellkern, eine bestimmte Information enthalten, die auch immer vollständig abgelesen wird. Der Durchbruch zu einer neuen Auffassung kam mit den Forschungen dreier Franzosen – Jacob, Monod und Lwoff –, die 1965 den Nobelpreis erhielten. Sie fanden heraus, daß große Teile der in unseren Chromosomen gespeicherten Erbinformation zugedeckt bleiben und nur ein sehr kleiner Teil wirksam wird. Dadurch entstehen sehr viele Kombinationsmöglichkeiten dieser einzelnen Informationsabschnitte. Die drei Wissenschaftler stellten weiters fest, daß durch dieses nur teilweise Abrufen von Informationen die einzelnen Zellen auch die Möglichkeit haben, sich zu verändern. Durch Milieu-Einflüsse (z. B. durch mehr Energie), durch Anpassung oder durch Gewöhnung an neue Bedingungen können auch andere Textseiten in diesem großen Buch des Lebens aufgeschlagen oder umgekehrt zugeschlagen werden. Zwei der wichtigsten Faktoren, die ein solches Auf- oder Zuschlagen von Informationsseiten mit sich bringen können, sind die Psyche (besser: die Reaktion der Psyche auf Lebensereignisse) und energetische Spannungsfelder im Bereich der Zellen.

Der neue Weizen

Eine ganz interessante Studie über die Wirkung elektrostatischer Felder auf Pflanzenzellen machte die Basler Firma Ciba-Geigy. Der Wissenschaftler Heinz Schürch experimentierte in den Labors des Chemiemultis mit Pflanzen und elektrostatischen Feldern. Dabei stellte sich heraus, daß bei Pflanzenkeimen, die nur drei Tage den künstlichen elektrostatischen Gleichstromfeldern ausgesetzt waren und danach im Gewächshaus weitergezogen wurden, eine unglaubliche Verwandlung stattgefunden hatte. Diese drei Tage hatten ausgereicht, um die Urform unserer heutigen Pflanzen zu erhalten, also einen Salto rückwärts in der Züchtungsgeschichte zu ermöglichen. Im Falle von Weizen zum Beispiel (ähnliches gelang auch bei anderen Pflanzen) brachte das Experiment den hochgezüchteten Samen zurück in seine Vorform, eine widerstandsfähige, aber etwas ertragsärmere Pflanze, die man heute nur noch in Peru finden kann.

Die Schweizer Wissenschaftler erforschten den „neuen" Weizen, wobei man neue Eiweißsorten fand, die vom Ausgangsweizen nicht gebildet werden. Der im elektrischen Feld veränderte Weizen entwickelte zur Verwunderung der Forscher auch noch in der letzten Phase seines Wachstums einen neuen Trieb, der innerhalb von nur vier Wochen zur vollen Reife gelangte. Heinz Schürch: „Bei unserem neuen Weizen verlief dieses Wachstum so schnell, daß er innerhalb von vier Wochen statt der üblichen sieben Monate reift." Zwar waren Halm und Ähren etwas kleiner als bei herkömmlichen Sorten, dafür gab es aber mehr Ähren pro Pflanze. Der wirkliche Vorteil läge laut Schürch aber darin, daß man diesen Weizen in Gegenden mit kurzem Frühjahr und Sommer anbauen könnte, wo herkömmlicher Weizen gar nicht gedeiht. Auch auf die üblichen Pestizide und Herbizide könne man bei dieser Weizenart verzichten. „Der Weizen ist wegen seiner Natürlichkeit widerstandsfähiger, und die Schädlinge, die sich dem Wachstumsverlauf der üblichen Weizensorten angepaßt haben, können dem neuen alten Weizen nichts anhaben. Natürlich ist der rückgezüchtete Weizen auch weniger pflegebedürftig als alle anderen Sorten."

Hier sollte uns klarwerden, welche starken schöpferischen Kräfte durch die Steigerung von inneren und äußeren Energien erwachen können. Diese Kräfte dringen bis in die Regelmechanismen einzelner Zellen ein.

Heinz Schürch: „Elektrostatische Felder sind ordnende Felder ... die Natur braucht ordnende Strukturen, damit sich etwas manifestiert ... Die elektrischen Felder bringen zusätzliche Informationen, die zusammen mit den Lebensinformationen in den Genen die Entwicklung eines Lebewesens bestimmen."[5]

Das elektromagnetische Universum

Unsere Messungen mit dem PcE-Scanner zeigten, daß es mehrmals im Jahr Tage gibt, an denen alle gemessenen Personen gleiche energetische Anomalien im Hirnfeld aufweisen. Dies ließ uns – nach langen Untersuchungen – zu dem Schluß kommen, daß für diese Veränderungen nur äußere Felder verantwortlich sein können.

Die Bedeutung der geophysischen Umwelt in unserem Leben wird oft übersehen. Obwohl die Einwirkungen allgegenwärtig sind, können wir ihr Wesen meist nicht erkennen, weil uns für viele dieser Einflüsse die Sinne zur bewußten Wahrnehmung fehlen.

Einige Wissenschaftler haben sich die Erforschung der veränderlichen Umwelt des Planeten zur Aufgabe gemacht. Experimente mit Vögeln, Fischen und Schnecken zeigten, daß diese das Magnetfeld der Erde wahrnehmen und zur Orientierung benutzen. Untersuchungen in den achtziger Jahren haben ergeben, daß Brieftauben, Rotkehlchen, Honigbienen, Fliegen und Wüstenratten vom Erdmagnetfeld beeinflußt werden. Vögel zum Beispiel sind in der Lage, ihre Flugrichtung mit Hilfe der magnetischen Felder zu bestimmen und ihr Umfeld anhand von Gravitationskräften zu erkennen. Brieftauben, denen man einen kleinen Magneten um den Hals befestigte, kamen von ihrem Kurs ab. Ihre Flugrichtung konnte durch ein künstliches Magnetfeld umgedreht werden (in die falsche Richtung), indem man einen Elektromagneten einsetzte, der entgegengesetzt zum Erdmagnetfeld gepolt war.

Heute sind die meisten Wissenschaftler der Meinung, daß jeder Organismus (auch der menschliche) in der Lage ist, zumindest Teilerscheinungen der geophysikalischen Felder, wie etwa den Erdmagnetismus, wahrzunehmen und sich auch in manchen Fällen daran zu orientieren.

Das Magnetfeld der Erde unterliegt vielen verschiedenen Einflüssen, wie etwa der Sonne (die Sonnenfleckenaktivität verursacht auf der Erde wahre Magnetstürme), den Mondphasen und dem Wetter. Die Wettereinflüsse zum Beispiel verändern die Ionenverteilung in der Atmosphäre. Durch Blitze (irgendwo auf der Welt blitzt es immer) kommt es zu elektromagnetischen Störungen im niederen Frequenzbereich (EL-Frequenz).

Dr. Robert Becker, Pionier der modernen Elektromedizin, stellte bei seinen Forschungsarbeiten über körpereigene elektrische Ströme (diese sind mit den durch das PcE-Training aktivierten Strömen ident) fest, daß diese über ein

gut verzweigtes inneres System den ganzen Körper versorgen. Diese inneren Ströme stehen, laut Dr. Becker, in einer meßtechnisch nachweisbaren Verbindung zu anderen uns umgebenden Feldern. Es besteht vor allem ein deutlicher Zusammenhang mit den geomagnetischen Zyklen der Erde. Daher können äußere Einflüsse auch die Gesundheit und den Wachheitsgrad (Konzentration) eines Lebewesens direkt beeinflussen.
Um uns und in uns existiert ein unsichtbares, aber lebenswichtiges elektromagnetisches Universum. Auch der Forscher Prof. Dr. Presman hält diese elektrischen Ströme (und Felder) für Informationsübermittler sowohl im einzelnen Organismus als auch zwischen mehreren Organismen. Er konnte durch seine Arbeit nachweisen, daß es eine Reaktion der körpereigenen Ströme auf die äußeren Felder gibt. Presman: „Diese Felder sind aber auch in der Lage, eine biologische Informationsübermittlung zwischen und innerhalb von Tierbeständen zu gewährleisten." Vermutlich gehen gleichzeitige Richtungsänderungen ganzer Vögel- und Fischschwärme, aber auch die rasche Koordination der Fortbewegung gewisser Insekten auf eine entsprechende Informationsübertragung innerhalb des Schwarms zurück. Das soll nicht heißen, daß dies die einzige Verständigungsmöglichkeit zwischen Tieren ist. Aber es ist eine bei den Tieren noch wache Fähigkeit, sich mittels dieser Felder zu verständigen. Die Verbindung wird in diesem Falle über relativ kurze Entfernungen hergestellt und kann mit schwachen Signalen, die einen geringen Informationsgehalt haben, wirksam werden. So können wir heute auch den menschlichen Körper (laut Presman Nervensystem, Hypophyse und Hypothalamus, aber auch Zirbeldrüse) als Empfänger von elektromagnetischen Botschaften ansehen. Diese Felder gilt es bewußt wahrzunehmen, und somit für diese Informationen wieder empfänglich zu werden. Dies würde uns eine ungeahnte Informationsvielfalt zugänglich machen und uns eine zusätzliche Kommunikationsform erschließen. Eine schon immer genützte Form, mit einzelnen Feldinformationen umzugehen, ist sicher die Wassersuche (Radiästhesie) mit Wünschelrute und Pendel. Radiästheten sind für ein bestimmtes Feldspektrum sensibel. Ihr Nervensystem reagiert unbewußt auf Anomalien der Erdfelder.
Durch das Anheben der inneren Energie mit den PcE-Übungen machen auch Sie Ihr inneres Empfangssystem empfindlicher. Mit der Öffnung nach außen können Sie diese Informationen unverfälscht mit Ihrem Bewußtsein erfahren und auch von der Energie der äußeren Felder profitieren. So ist es zum Beispiel möglich, Orte zu unterscheiden, die Ihnen Kraft geben oder Kraft nehmen.

Test: Spüren Sie die Energie von außen?

(Zur Durchführung des nun folgenden Tests müssen Sie als Brillenträger die Brille abnehmen.)

Testen Sie die Empfindlichkeit Ihres „dritten Auges“ (Zirbeldrüsenzentrum). Dieses Energiezentrum liegt zwischen den Augenbrauen, an der Nasenwurzel. Nehmen Sie einen Gegenstand mit einer Metallspitze (z. B. Scherenspitze, Brieföffner oder Stricknadel), und führen Sie diesen, mit der Spitze voran, langsam in Richtung Nasenwurzel.

Beginnen Sie in ca. 30 Zentimetern Entfernung. Je früher Sie ein eigentümliches Gefühl, etwa ein Drehen, Ziehen oder Kribbeln spüren, um so empfindlicher ist Ihr Energiezentrum.

Spüren Sie die Metallspitze bei einer Entfernung von 10 Zentimetern und mehr, so ist das als sehr gut zu bezeichnen. Eine Entfernung von ca. 4 Zentimetern wäre noch als eine gute Empfindlichkeit zu werten. Ist für Sie die Metallspitze aber erst bei einem Abstand von ca. 1 Zentimeter zu spüren, so ist Ihr Energiezentrum durchschnittlich gut ausgebildet.

Mit zunehmendem Training sollte die Metallspitze aus einer immer größeren Entfernung zu spüren sein. Sie sollten in weiterer Folge auch Ihren eigenen (oder einen fremden) Zeigefinger in der gleichen Entfernung wahrnehmen können. Wenn Sie in der Lage sind, Ihren inneren Ton wahrzunehmen (siehe Seite 67 ff., Das innere Feedback), so kann sich die Wahrnehmungsfähigkeit des dritten Auges noch weiter verbessern.

Übungen zur Öffnung für die äußeren Energien

Diese Zusatzübungen schließen an die 6 Runen-Übungen und die Power-Übung an. Es sind Energieübungen, die vor allem für die Leser gedacht sind, die eine spirituelle Weiterentwicklung suchen.

Das innere Feedback – Der Ton der Lebensenergie

Bei der Entspannung Ihres Körpers können Sie, im Idealfall, ein Geräusch innerhalb Ihres Kopfes wahrnehmen. Es ist ein feiner, hoher Pfeifton (im Bereich von 7–9 kHz), der vergleichbar ist mit dem Zirpen von Grillen oder dem Singen von Elektromotoren im hohen Drehzahlbereich oder einem leisen Rauschen. Dieser Kopfton ist leise und anfangs oft kaum wahrnehmbar. Wir alle kennen ihn unbewußt aus dem Mutterleib, wo er uns über die Monate des Wartens begleitete. Er erinnert uns an tiefe Geborgenheit und Ruhe. Er war von Anfang an da. Er war die erste Wahrnehmung vor allem anderen. Alle Ängste, alle Sorgen und Probleme kamen erst danach. Daher kann das Hören dieses Tones unser Unterbewußtsein in den reinen, unberührten Zustand zurückführen. Der Ton kann eine innere Regression bewirken, die uns in eine innere Geborgenheit und Offenheit führt.
Die Germanen und Kelten nannten diesen Ton den Astralton oder den Ton der anderen Welt („autre monde“). Das Hören dieses Tones sollte ihrer Meinung nach das „Tor“ zu dieser anderen Welt öffnen helfen.
Die Inder nennen den inneren Ton Nadabrahma, den göttlichen Ton, oder das Zischen der Schlangenkraft Kundalini.
Einige Menschen setzen diese Tonwahrnehmung – tritt sie spontan auf – anfänglich mit dem sogenannten Tinnitus-Geräusch (Ohrensausen) gleich, obwohl es sich bei diesem Pfeifen nicht um die quälende Krankheit handelt. Feststellbar ist der Ton im Mittelpunkt des Kopfes in der Höhe der Ohren oder aber etwas nach rechts oder links verschoben. Im Zuge unserer Forschungsarbeit zum PcE-Training konnten wir erkennen, daß der Ton *nur dann* bewußt wird, wenn das Gehirn energetisch hoch aufgeladen ist und die Muskeln weitgehend entspannt sind und wenn man sich nach außen hin öffnet. An die Bewußtseinsoberfläche tritt der Ton nur durch Entspannung der Körpermuskeln oder auch durch rhythmische Anspannung des Pc-Muskels.

Das gleichmäßige Singen, das nichts mit Körperfunktionen wie Atmung und Herzschlag zu tun hat, bringt auch ein Gefühl der Leichtigkeit, so als ob das innere Wesen emporgehoben würde. Bei Menschen, die Erfahrung mit Meditation oder PcE-Training haben, kommen noch weitere Tonvariationen dazu.
Wenn Sie Ihren inneren Ton noch nie bewußt gehört haben, so müssen Sie nur genau hinhören. Er ist eigentlich immer da, nur oft ist er durch das Getöse des Alltags, von Sorgen und Ängsten überlagert. Den inneren Ton hören Sie anfangs am leichtesten nach dem Aufwachen oder kurz nach dem Zubettgehen, indem Sie in sich hineinhorchen, während Sie entspannt daliegen. Ganz wesentlich dabei ist es, den Schulter- und Halsmuskelbereich und vor allen Dingen den Stirnmuskel- sowie den Kiefermuskelbereich weitestgehend zu entspannen. Bei Ihrer Suche nach dem inneren Ton sollten Sie sich Ruhe und Zeit nehmen. Haben Sie ihn erst einmal wahrgenommen, ist es ganz leicht, ihn immer wieder zu aktivieren, und zwar in jeder Lebenslage.
Es hat sich herausgestellt, daß es in den meisten Streßsituationen genügt, sich einfach den inneren Ton zu vergegenwärtigen – sofort fallen alle Belastungen ab. Ebenso konnten wir feststellen, daß bei Aufregungen, Angst, aber auch inneren Aggressionen die Wahrnehmung des Tones beruhigend wirkt.
Man kann sagen, daß der innere Ton eins ist mit Ruhe und heiterer, offener Gesinnung.
Nützen Sie Ihren inneren Klang zum natürlichen Feedback. Bevor Sie mit der PcE-Meditation beginnen, versuchen Sie, den Lebensenergieton in Ihrem Kopf wahrzunehmen. Hören Sie den Ton, so ist das ein sicheres Zeichen, daß Sie weitgehend entstreßt sind und Ihr Kopf frei ist. So sind Sie bereit, mehr Energie von innen und von außen aufzunehmen.
In der Praxis sieht das so aus: Sie hören in sich hinein, bis Sie den inneren Ton wahrnehmen, und halten ihn fest, indem Sie sich darauf sanft konzentrieren. Wird der Ton lauter, so machen Sie es richtig, wird er hingegen leiser oder verschwindet er gar, so ist das ein untrügliches Zeichen, daß Sie dabei sind, Verspannungen aufzubauen. Diese Verspannungen sind vor allem muskulärer Natur und finden sich dann am ehesten im Schulter-, Nacken-, Hals-, aber auch im Stirnbereich. Kontrollieren Sie diese Muskeln, und lösen Sie die Blockaden auf. Als hilfreich hat sich auch erwiesen, die bereits angespannten Muskeln für einige Sekunden noch mehr anzuspannen, lockernde Bewegungen und die Kopfkreisübung (siehe Seite 61) durchzuführen. Haben Sie sich so von Ihren

Spannungen befreit, horchen Sie wieder in sich hinein und halten den Ton nun fest. Er sollte sich verstärken und immer deutlicher werden.
Üben Sie das einige Wochen lang, dann können Sie den Lebensenergieton auch bei Lärm und Streß hören, wann immer Sie wollen. Sie verfügen mit ihm über eine natürliche Feedbackmethode, die Ihnen in jeder Situation zur Verfügung steht. So haben Sie auch immer die Möglichkeit zu kontrollieren, in welcher Verfassung Sie sich gerade befinden, und können daraus schließen, daß Sie unter Spannung stehen, wenn Sie den Ton einmal nicht hören. Wenn Sie den inneren Ton unterdrücken, so unterliegen Sie wieder den Rhythmen des Lebens mit all den Sorgen, Zwängen und Ängsten. Kontrollieren Sie daher öfter am Tag, ob Sie Ihren inneren Ton finden können, wodurch Sie in kurzer Zeit die neue Fähigkeit erlangen, innere Ruhe und Gelassenheit sofort und willentlich herzustellen.

Von dieser Grundlage ausgehend, können Sie nun die innere und die äußere Energie zusammentreffen lassen.

Der PcE-Laut

Der PcE-Laut wirkt wie ein Verstärker für Ihren inneren Ton. Mit diesem Laut ist es möglich, sehr tief in unser Unbewußtes vorzudringen. In Bereiche, die instinktiv auf die menschliche Ursprache und die Urlaute reagieren. Der PcE-Laut wirkt, auch wenn er keine sprachliche Bedeutung hat. Wenn wir die Melodie eines Liedes hören, so kann sie uns ja auch ergreifen, ohne daß wir die Worte verstehen. In diesem Sinne wirkt auch ein PcE-Laut allein durch seinen Klang und seine Schwingung. Lassen Sie sich von dem Klang des PcE-Lauts mitnehmen. Nur so kann er in Ihr Inneres vordringen und dort wirksam werden. Der Laut muß so gewählt sein, daß er auf drei Arten wirkt:

- auf den inneren archaischen Punkt. Jeder Mensch hat diesen Punkt, der bewußt nicht zu kontrollieren ist, ihn im Gleichgewicht hält und nach außen hin stabilisiert. Er ist im Hirnstamm gelegen. Wird dieser Punkt bei z. B. einer PcE-Meditation verschoben, so heben sich die inneren Energiesperren weitgehend auf;
- auf das Nervensystem. Das ständige geistige Wiederholen des Wortes hat

eine entspannende Wirkung, die mittels biomedizinischer Meßgeräte wie EMG, EKG, EEG, HGR meßbar sind;
- auf das Gehirn. Der PcE-Laut wirkt als sanftes Mittel zur Konzentrationssteigerung.

Mit dem folgenden Test können Sie den für Sie richtigen PcE-Laut finden.

Test: So finden Sie Ihren PcE-Laut
1. Teil

Bitte beantworten Sie die folgenden 28 Fragen mit Ja oder Nein. Ein Ja heißt, die Frage trifft auf Sie weitgehend zu, ein Nein heißt, die Frage trifft auf Sie überhaupt nicht zu.

1. Haben Sie Geduld, und gehen Sie an eine Aufgabe von verschiedenen Gesichtspunkten heran, bis Sie schließlich eine Lösung erhalten? ja nein
2. Können Sie etwas gut in eher groben Zügen planen und beschreiben? ja nein
3. Bringen Sie gerne Ordnung in etwas, und achten Sie auf die richtige Reihenfolge? ja nein
4. Denken Sie im allgemeinen sehr logisch? ja nein
5. Können Sie ein paar Worte in mehreren Fremdsprachen sprechen? ja nein
6. Können Sie meistens die richtigen Worte finden, um Ihre Gefühle zu beschreiben? ja nein
7. Fällt Ihnen Kategorisieren und das Ordnen von Unterlagen leicht? ja nein
8. Sind Sie in Ihren Ansichten objektiv; versuchen Sie erst die Tatsachen zu erkennen, bevor Sie sich entscheiden? ja nein
9. Lieben Sie Puzzles und Wortspiele? ja nein

10. Finden Sie gerne den Sinn in einer Sache, die sinnlos scheint? ja nein
11. Bevorzugen Sie Zahlen und Fakten in logischer Abfolge? ja nein
12. Bevorzugen Sie einen geordneten und übersichtlichen Arbeitsplatz/Studierplatz? ja nein
13. Haben Sie wenig Zeit? ja nein
14. Interessieren Sie sich für Technik und technische Lösungen? ja nein
15. Handeln Sie oft spontan, und sind Sie manchmal voreilig in Ihren Schlußfolgerungen? ja nein
16. Sind Sie ein Tagträumer, sind Ihre nächtlichen Träume wirklichkeitsnah und spannend? ja nein
17. Sind Sie an Musik, Malerei, Tanz oder anderen künstlerischen Ausdrucksformen interessiert? ja nein
18. Fehlt Ihnen ein ausgeprägtes Zeitgefühl? ja nein
19. Bilden Sie sich aufgrund Ihres Gefühls öfter ein Urteil als aufgrund von Fakten? ja nein
20. Haben Sie manchmal das Gefühl, etwas schon einmal gesehen oder erlebt zu haben – wie in einem anderen Leben? ja nein
21. Haben Sie häufig gewisse Ahnungen, und folgen Sie oft Ihrem Instinkt? ja nein
22. Sind Sie ein visueller Typ? Können Sie sich Orte am besten über Farben und Formen einprägen? ja nein
23. Weinen Sie leicht, und sind Ihre Gefühle schnell verletzt? ja nein
24. Sind Sie romantisch? ja nein
25. Denken Sie oft an Vergangenes? ja nein
26. Lernen Sie leichter durch Tun und direktes Beobachten? ja nein

27. Bezeichnen viele Ihren Arbeitsplatz/Studierplatz als chaotisch und ungeordnet? | ja | nein |
28. Interessieren Sie sich für Psychologie oder ganzheitliche Heilweisen? | ja | nein |

Auswertung Testteil 1:
Zählen Sie zusammen, wie viele von den Fragen 1 bis 14 Sie mit Ja beantworten konnten, geben Sie sich für jedes Ja einen Punkt.

Punkteanzahl: ________________

Dann zählen Sie zusammen, wie viele von den Fragen 15 bis 28 Sie mit Ja beantworten konnten.

Punkteanzahl: ________________

Nun überprüfen Sie, welche der beiden Zahlen größer ist. Die größere Zahl ist für Sie entscheidend. Wir nennen sie die Hauptzahl. Sind die beiden Punkteanzahlen gleich, ist Ihre Hauptzahl 0.

Ermittelte Hauptzahl: ________________

2. Teil

Welche Zeichnung spricht Sie mehr an?

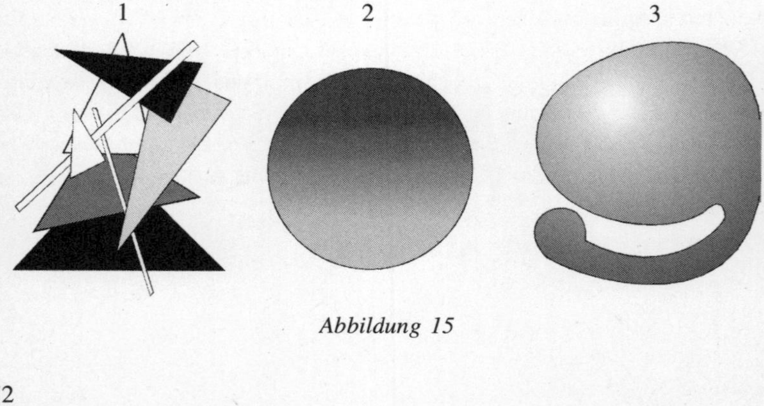

Abbildung 15

Die gewählte Zeichnung bestimmt die Spalte, aus der Sie nun den zu Ihnen passenden PcE-Laut ermitteln.

Zeichnung / Hauptzahl	1	2	3
0 – 4	RAA	REE	NEE
5 – 8	TAA	LEE	TEE
9 – 10	AAT	EEN	EET
11 – 14	AAR	EEL	EER

Ermitteln Sie mit Ihren Testergebnissen Ihre Silbe, und verwenden Sie für die Meditation mit dem PcE-Laut nur diese Silbe.

Hilfe bei der Tonsuche

Manche Menschen haben, wie gesagt, Schwierigkeiten, ihren inneren Ton zu finden. Die folgende Übung kann Ihnen dabei helfen. Suchen Sie sich einen ruhigen und angenehmen Ort. Legen Sie sich bequem hin, und lösen Sie alle Kleidungsstücke, die Sie beengen. Schließen Sie die Augen und entspannen Sie sich. Richten Sie Ihre Augen unter den Augenlidern auf den Punkt zwischen Ihren Augenbrauen. Fokussieren Sie nun Ihre ganze Aufmerksamkeit auf diesen Punkt. Atmen Sie ruhig und gleichmäßig. Jetzt wiederholen Sie in Gedanken – langsam und gedehnt – Ihren durch den Test ermittelten PcE-Laut. Hören Sie dabei aber in den Hintergrund nach links und nach rechts, und Sie werden das feine Zirpen des inneren Tons auftauchen hören. Wiederholen Sie weiter Ihren PcE-Laut; der Ton müßte nach und nach stärker werden.[6]

Mit dem Ton der Lebensenergie zum Energieaustausch

Achtung! Dies ist eine Übung für Fortgeschrittene.

Führen Sie zuerst die Runen-Übungen durch, um sich zu entspannen und Ihren Körper sowie auch die Energiezentren leitfähig zu machen. Setzen Sie sich in Ihrer Meditationshaltung (z. B. Fersensitz) mit dem Gesicht in Richtung Westen, entspannt und mit gerader Wirbelsäule, hin. Laden Sie nun mit den langsamen und schnellen Power-Übungen Ihr Gehirn mit Energie auf. Währenddessen sollten Ihre Finger die Daumen umschlossen halten, um Energieverluste zu vermeiden. Laden Sie sich stark auf, bevor Sie die nachfolgende Meditation mit dem PcE-Laut beginnen, die Sie mit den äußeren Energien in Verbindung bringt. Diese Öffnung nach außen sollte nur stattfinden, wenn die innere Energie stark genug ist, sonst würde ein ungesundes Ungleichgewicht entstehen. Dieses Ungleichgewicht ist auch der Grund für die zeitweise Muskelpanzerung, die sozusagen als Schutzschirm vor äußeren Einflüssen und vor einem Ungleichgewicht zwischen innerer und äußerer Energie wirkt. Je weniger innere Energie vorhanden ist, um so härter ist die Muskelpanzerung.

Ist viel Energie vorhanden, wird auch die allgemeine Muskelspannung absinken.

Führen Sie die Meditation mit dem PcE-Laut anfänglich niemals durch, ohne daß Sie sich vorher mit dem PcE-Training aufgeladen haben. Später verfügen Sie ohnehin über ausreichende Grundenergie.

Die Meditation mit dem PcE-Laut

Diese Übung stellt die Ausgewogenheit zwischen innen und außen wieder her.

Man kann durchaus von den zwei Polen im Körper sprechen, zwischen denen der Fluß der inneren Kräfte stattfindet, denn die innere Energie fließt wie in einer Batterie polar durch uns. Sie können aber die Aufnahme von äußeren Energien erleichtern. Dazu müssen vor allem die Muskeln entspannt und der Geist frei sein, was Sie durch die Runen-Übungen erreichen. Die richtige Körperhaltung (gerade Wirbelsäule) verhindert Blockaden des Energieflusses, die Power-Übung lädt den Körper mit innerer Energie auf.

Durch Visualisation und Meditation mit dem PcE-Laut können Sie sich dann bewußt für die Energie von außen öffnen.

Bleiben Sie gerade sitzen, und atmen Sie ruhig und gleichmäßig. Suchen Sie nach Ihrem inneren Ton, lassen Sie sich dabei ruhig Zeit.
Haben Sie den Ton gefunden, und ist er anfänglich auch nur schwach zu hören, ist das für die Übung ausreichend. Spannen Sie nun Ihren Pc-Muskel an, und halten Sie ihn, wenn möglich, die ganze Übung hindurch leicht angespannt. Setzen Sie sich bei dieser Übung eventuell auf einen Tennisball oder auf ein zusammengerolltes Handtuch, so daß ein fester Druck auf den Damm entsteht. Dies hilft Ihnen, den Pc-Muskel leichter für längere Zeit gespannt zu halten. Legen Sie die Zunge auf den Gaumen, und richten Sie Ihre geschlossenen Augen auf den Punkt zwischen den Augen. Der Rest des Körpers bleibt weiterhin entspannt. Lösen Sie nun die Finger, die beim Aufladen um die Daumen gelegt waren, und öffnen Sie entspannt die Hände. Ihre Handflächen drehen Sie nach oben. Lassen Sie Ihre Handrücken im Schoß oder auf den Knien liegen – so kann die Energie fließen.
Nehmen Sie nun den inneren Ton quasi als Trägerfrequenz, um ihm Ihren persönlichen PcE-Laut aufzuprägen. Der PcE-Laut gleitet sozusagen auf dem inneren Ton: Sie hören den Ton und wiederholen gleichzeitig den PcE-Laut. Wenn Sie es richtig machen, ist es, als hörten Sie beides: den inneren Ton und Ihren PcE-Laut darüber gesprochen. Durch das Wiederholen des PcE-Lauts sollte der innere Ton sogar lauter werden. Es kann auch das Gefühl auftreten, als wäre ein Ohr verlegt. Der innere Ton kann durch das Aufprägen des PcE-Lauts auch zu vibrieren beginnen oder lauter und leiser werden. Im Kopfinneren entsteht auch sehr oft das Gefühl, als würde der PcE-Laut von einem Ohr zum anderen fließen. Dehnen Sie Ihren PcE-Laut immer so, als würden Sie diesen langgezogen aussprechen (also z. B. „Raaaaaa“ oder „Aaaaaaar“). Stellen Sie sich dabei vor, wie die Energie aus dem Beckenbereich sich mit der Energie von außen in Ihrem Kopf trifft, wie Ihre eigene Energie im Bereich des Scheitels aus dem Kopf ausströmt und die äußere Energie gleichzeitig über den gleichen Kopfbereich eintritt und Ihren Körper ausfüllt. Benützen Sie zu dieser Übung nicht irgendein Wort oder ein Meditations-Mantra, sondern *nur* einen PcE-Laut aus dem Test auf Seite 73. Während Sie Ihren PcE-Laut wiederholen, halten Sie immer die Verbindung mit dem inneren Ton aufrecht.

Der im Geiste gesprochene PcE-Laut, den Sie nun während der Meditation ständig wiederholen, verändert die Schwingung des inneren Tons und überlagert ihn teilweise. Der PcE-Laut öffnet sozusagen Ihren Körperpanzer im Kopfbereich noch weiter, und die innere Energie fließt nach außen. Der Prozeß, der dadurch in Gang gesetzt wird, läßt sich etwa so beschreiben:
Wenn wir Energie nach außen abgeben, bringen wir damit das Energiegleichgewicht aus dem Lot. Um das wieder auszugleichen, muß äußere Energie in unseren Körper einströmen. So entsteht ein Geben und Nehmen, eine Wechselwirkung zwischen Innenwelt und Außenwelt, die die oft verlorengegangene, ursprüngliche Harmonie auf einer höheren Ebene wiederherstellt. Denn Harmonie kann nur entstehen, wenn wir uns von unserem energetischen Umfeld nicht abschirmen, wenn wir, im Gegenteil, unsere Energie mit dem Umfeld austauschen. Diese Öffnung nach außen ist wichtig für die körperliche, geistige und seelische Gesundheit.
Führen Sie diese Übung an Orten der Kraft aus, denn es gibt Orte mit starker Energieausstrahlung, Orte der Kraft. Unsere Tests mit tragbaren PcE-Scannern an solchen Orten haben gezeigt, daß gerade diese Orte der Kraft eine deutliche Verstärkung der inneren Aufladung bewirken. Germanen, Kelten (Druiden), Schamanen und auch die Frühchristen haben gewissen Orten schon immer Wunderkräfte zugesprochen und sie zu ihren Kultplätzen gemacht. Eine Möglichkeit, solche Orte zu finden, bieten die Bücher „Kultplätze" von Dr. Franz Jantsch, die in einzelne Regionen eingeteilt sind (für Österreich und Südtirol). Für Deutschland und die Schweiz gibt es ähnliche Bücher. Erkundigen Sie sich bei Ihrem Buchhändler.

Tip: Dehnungsmassage der Kopfhaut

Das Mehr an Energie kann anfänglich zu inneren Spannungen, Kopfdruckgefühlen oder sogar zu Kopfschmerzen führen. Besonders bei der Durchführung der Übung „Energieaustausch“ (siehe Seite 74) können diese Phänomene auftreten. Deshalb ist es ratsam, regelmäßig die Kopfhautentspannung durchzuführen, denn durch dauernde Spannungen werden die von Natur aus beweglichen Schädelknochen in ihrer Bewegung behindert.

Man geht davon aus, daß der Fluß der Cerebrospinal-Flüssigkeit (das ist die Flüssigkeit im Gehirn und im Rückenmark) auch von der Beweglichkeit der Schädelknochen abhängt. Synchron mit der Atmung bewegen sich die Schädelknochen rhythmisch (im Millimeterbereich) mit, wodurch es zu einer Art Pumpbewegung kommt. Wenn sich die Schädelknochen also während der Atmung nicht frei mitbewegen können, zirkuliert die Cerebrospinal-Flüssigkeit nicht mehr gut. Hierdurch kann die innere Energie, die wahrscheinlich auch über die Cerebrospinal-Flüssigkeit geleitet wird, behindert werden. Der Fluß der Cerebrospinal-Flüssigkeit kann oft schon allein durch das „Dehnen“ der Schädeltrennfuge zwischen den Scheitelbeinen (an der Stelle eines gedachten Mittelscheitels) verbessert werden. Daher sollten Sie immer vor und auch nach der Meditation mit dem PcE-Laut, oder generell bei Spannungskopfschmerzen, diese Dehn- und Massageübung durchführen.

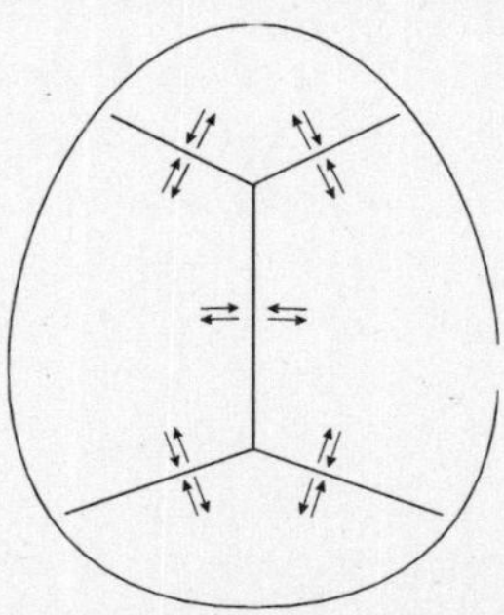

Abbildung 16: „Tektonische“ Bewegung der Hirnschale

Beginnen Sie mit einer ca. 1 Minute dauernden Massage der Kopfoberfläche entlang der Knochensäume (siehe Abbildung). Massieren Sie dann den ganzen Kopf samt Stirn bis hin zu den Augenbrauen. Anschließend beginnen Sie mit der Dehnübung, die schnell alle Druckgefühle lösen kann. Legen Sie dazu beide Hände links und rechts von der mittleren Schädelnahtstelle so auf den Kopf, daß Ihre Finger gut und fest aufliegen. Dann ziehen Sie die Kopfhaut mit beiden Händen gleichzeitig fest auseinander (siehe Pfeile), als wollten Sie den Schädel auseinanderdehnen. Nun legen Sie die Finger der Hände so, daß Sie den Knochensaum im Stirnbereich dehnen können (siehe Pfeile). Ebenso verfahren Sie am Hinterhaupt-Knochensaum. Wiederholen Sie alle drei Dehnübungen mehrere Male. Vergessen Sie danach nicht, die Hals- und Schultermuskulatur wieder bewußt zu entspannen.
Diese Übung hilft Ihnen auch tagsüber, wenn Druckgefühle oder Schmerzen im Kopfbereich auftreten. Sie ist der erste Schritt, um den Energieaustausch in Gang zu setzen.

Vier weitere Runen-Übungen

Als wir uns noch intensiver mit den Runen-Übungen beschäftigten, stießen wir auf vier weitere Haltungen, die eine starke Wirkung auf den Übenden haben. Sie sind als Erweiterung der 6 Grundrunen anzusehen.

Die erste Ausgleichsübung – Not-Rune

Die Not-Rune fördert das Denken und das logische Bewußtsein, also die Aktivierung der linken Hirnhälfte. Psyche und Herz werden gestärkt. Die Übung beeinflußt positiv den Nacken-, Schulter- und Rückenbereich. Sie löst Muskelverspannungen, wenn uns etwas belastet, wenn wir schwer an etwas zu tragen haben, „die Angst im Nacken" sitzt, „alles auf den Schultern" ruht. Für die alten Germanen war die Not-Rune eine Abwehr- und Hilferune, die sich noch heute ins Gebälk von Fachwerkhäusern geritzt findet.
Wenn Sie Probleme haben, egal welcher Art, wenn Sie sich einmal schlecht oder traurig fühlen, benützen Sie die Not-Runen-Übung. Bedenken Sie aber: Wenn man Hilfe erbittet, sollte das immer in neutraler Form geschehen, denn oft ist die wirkliche Hilfe ganz anders, als wir vorher meinen. Erwarten Sie bei dieser Übung also nur Hilfe in Form von Energie und Kraft, die einen Prozeß der positiven Veränderung einleitet. Richten Sie Ihre Aufmerksamkeit nur auf die Energie, laden Sie sich durch den Pc-Muskel auf, und konzentrieren Sie sich auf die Runenhaltung. Wenn Sie die Meditation mit dem PcE-Laut (siehe Seite 74 ff.) mit der Not-Runen-Übung kombinieren, wirkt sie noch stärker.
Stehen Sie dazu in aufrechter Position, Füße zusammen, Knie leicht gebeugt. Der rechte Arm wird schräg nach oben gestreckt, die ausgestreckte rechte Hand zeigt zur Decke. Der linke Arm wird schräg nach unten gehalten, die Handfläche zeigt zum Boden (siehe Abbildung 17). Bleiben Sie in dieser Position, solange Sie den Pc-Muskel anspannen und auf Spannung halten, mindestens aber so lange, wie Sie die anderen Runen-Übungen halten, also 10 bis 30 langsame Atemzüge. Gleichzeitig können Sie nun den inneren Ton aktivieren und Ihren persönlichen PcE-Laut dem Ton aufprägen. So entsteht in dieser Runenstellung ein Energieaustausch zwischen Ihrer inneren und der Sie umgebenden äußeren Energie.
Konzentrieren Sie sich nur auf die Übung und auf die Energie.

Bremsen Sie den Energiefluß nicht durch allzu viele Gedanken.
Wiederholen Sie die Not-Runen-Übung immer dann, wenn Sie sich bedrückt, ängstlich oder schwach fühlen. Lassen Sie sich nicht von Ihren Sorgen beherrschen, verstärken Sie immer sofort, wenn Sie Probleme haben, Ihre innere Energie, lösen Sie Ihre Muskelverspannungen, und öffnen Sie sich auch der äußeren Energie. Sie werden bemerken, daß Ihre Probleme nach und nach unwichtig werden. Werden Sie offen, und lassen Sie Ihre Energie fließen. Schließen Sie sich nicht ab, schon gar nicht, wenn Sie Probleme haben, denn dann steht Ihnen zur Bewältigung des akuten Problems nur der Teil Energie zur Verfügung, der gerade in Ihrem Körper zirkuliert.
Wenn Sie, was sehr wirksam ist, eine Meditationsformel gebrauchen wollen, so könnte diese lauten: „Tief in meinem Inneren erwacht die Lebensenergie, um jede Not zu beenden. Durch diese Kraft gehe ich einen Weg der positiven Veränderung."
Diese Formel können Sie vor der Durchführung der Not-Runen-Stellung im Geiste ein paarmal wiederholen. Denken Sie daran, daß Sie auch in diesem Fall die innere Energie durch Anspannen des Pc-Muskels erhöhen müssen.

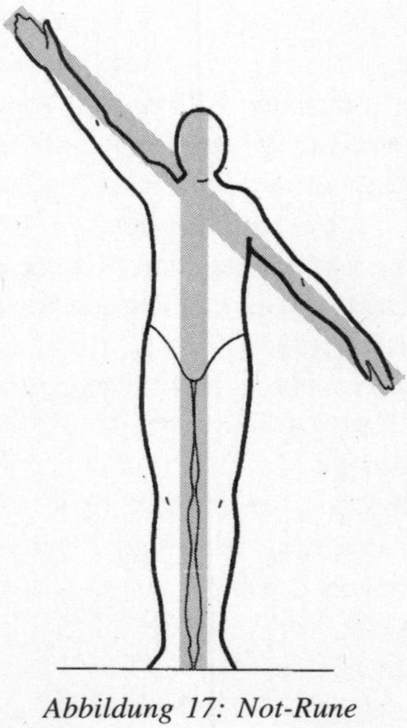

Abbildung 17: Not-Rune

Die zweite Ausgleichsübung – Eh-Rune

Die Eh-Rune fördert die Gefühle und die Wahrnehmung durch die Aktivierung der rechten Hirnhälfte. Auch sie stärkt die Psyche, indem sie hilft, negative Stimmungen und sogar Depressionen zu beseitigen.
Wiederum werden der Nacken-, Schulter- und Rückenbereich positiv beeinflußt. Muskelverspannungen werden gelöst, besonders bei mangelnder Vitalität entfaltet sich ihre ausgleichende Wirkung.
Die Eh-Rune führt zu allgemeiner Ausgeglichenheit, ganz besonders im Anschluß an die Not-Runen-Übung, deren Gegenstück und Spiegelbild sie ist. Deshalb sollte sie auch unmittelbar danach ausgeführt werden.
Stellen Sie sich dazu wie bei der Not-Runen-Übung aufrecht hin, Füße geschlossen, Knie leicht gebeugt, jetzt aber wird der linke Arm schräg nach oben gestreckt, wieder mit der Handfläche nach oben. Hingegen wird der rechte Arm schräg nach unten gehalten, die Handfläche der rechten Hand zeigt zum Boden (siehe Abbildung 18). In dieser Position verharren Sie, während Sie den Pc-Muskel anspannen und angespannt halten. Gleichzeitig können Sie

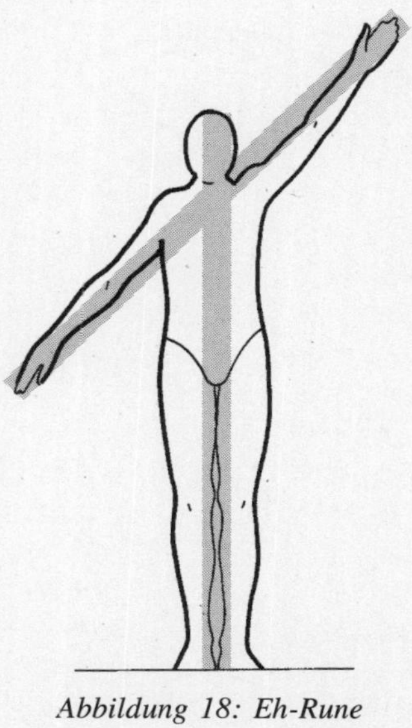

Abbildung 18: Eh-Rune

auch bei dieser Übung den inneren Ton aktivieren und in dieser Runenstellung Ihren persönlichen PcE-Laut dem Ton aufprägen. So entsteht auch bei dieser Übung ein Energieaustausch zwischen Ihrer inneren und der Sie umgebenden äußeren Energie.

Die O- bzw. Odil-Rune

Die Odil-Rune dient der Harmonisierung und ist an die Not- und die Eh-Rune als Abschluß anzuschließen.
Dazu formen Sie aus der Eh-Runen-Haltung mit den Armen eine Rundung über Ihrem Kopf. Dabei legen Sie die Handinnenfläche der rechten Hand auf den Handrücken der linken Hand. Die so übereinanderliegenden Hände sollten mit der Handinnenseite zum Kopf zeigen. Die Füße stehen parallel, ca. in Schulterbreite (siehe Abbildung 19). Während Sie in dieser Position verharren, spannen Sie den Pc-Muskel an und halten ihn für die gesamte Übungsdauer angespannt. Dabei können Sie auch den inneren Ton aktivieren und Ihren

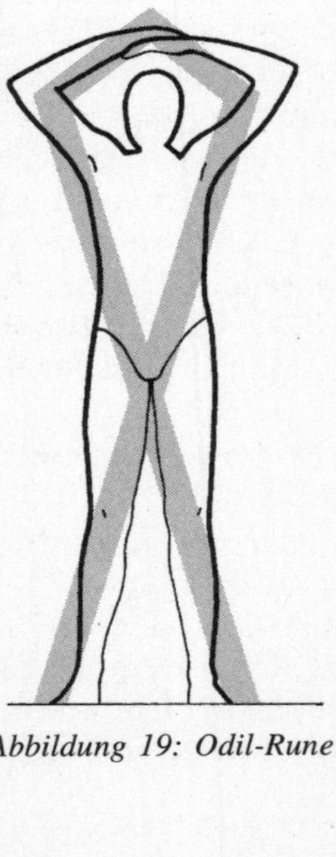

Abbildung 19: Odil-Rune

persönlichen PcE-Laut dem Ton aufprägen. So entsteht auch bei dieser Übung ein Energieaustausch zwischen Ihrer inneren und der Sie umgebenden äußeren Energie.

Die liegende Tyr-Rune

Die Tyr-Rune soll vom germanischen Himmelsgott Teiwaz, der nach und nach zum Gott Tyr wurde, stammen. Sie symbolisiert einen zum Himmel gerichteten Speer oder Pfeil und taucht schon als steinzeitliche Zeichnung auf (etwa in der Höhle von Lascaux in Südfrankreich, wo laut Prof. Felicitas Goodman ein Schamane in ekstatischem Zustand bei einer außerkörperlichen Erfahrung zu sehen ist, dessen Energie sich in der Genitalregion zu sammeln scheint, von wo sie sich ihren Weg in den Kopf bahnt).
Wir benützen diese Runen-Haltung, die Energie im Stirn- und Scheitelbereich bringt, um Grenzen aufzulösen und neue (spirituelle) Erfahrungen zu ermöglichen.
Vor dieser Übung sollten Sie immer die PcE-Grundübungen, also die 6 Runen-Stellungen absolvieren. Lockern Sie alle Kleidungsstücke, und entfernen Sie alle Schmuck- oder Metallgegenstände, die Ihre Haut berühren oder ihr nahe sind. Verdunkeln Sie das Zimmer. Liegen Sie bei dieser Übung in der Nord-Süd-Achse (der Kopf zeigt zum magnetischen Norden) auf dem Boden. Die Füße sollten geschlossen sein. Strecken Sie beide Arme seitwärts schräg nach unten vom Körper weg, die Handrücken sind auf dem Boden und die Daumen locker von den Fingern umschlossen. In dieser Stellung sollten Sie wie ein liegender Pfeil aussehen (siehe Abbildung 20 und 21, siehe Seite 84 und 85). Schließen Sie die Augenlider, und drehen Sie Ihre Augen in Richtung Stirn.
Nun entspannen Sie alle Muskeln, damit die Energie ungehindert fließen kann.
Beginnen Sie, sich mit der Power-Übung energetisch aufzuladen. Spannen Sie den Pc-Muskel an, und zählen Sie dabei bis 30. Atmen Sie langsam ein, und halten Sie den Atem so lange an, bis Sie bei der Zahl 30 angelangt sind. Beachten Sie bitte, daß Ihr Körper entspannt bleibt. Laden Sie sich nun so weit auf, bis Sie sich im wahrsten Sinne des Wortes energiegeladen fühlen. Sehr oft begleiten ein starkes Wärmegefühl im Rückenbereich und ein Kribbeln

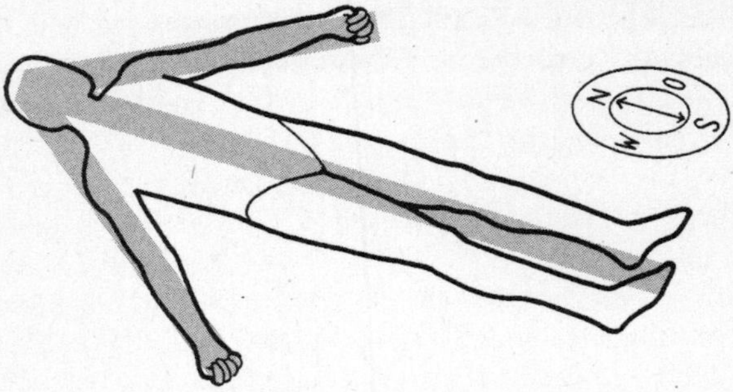

Abbildung 20: Liegende Tyr-Rune

in der Wirbelsäule diese Übung. Ist Ihr Energieniveau hoch, so suchen Sie Ihren inneren Ton. Versuchen Sie, ihn besonders deutlich zu hören. Wenn der Ton laut hörbar ist, beginnen Sie, Ihren PcE-Laut langgedehnt zu wiederholen. Öffnen Sie Ihre Hände, so daß die offenen Handflächen zur Zimmerdecke zeigen. Beginnen Sie nun, nur noch durch den halb geöffneten Mund zu atmen. Stellen Sie sich dabei vor, der Ton erfülle Ihren ganzen Körper mit seiner Schwingung. Konzentrieren Sie sich auf Ihre Scheitelgegend. Hören Sie auf den inneren Ton, und begleiten Sie, in Gedanken, Ihre innere Energie beim Verlassen des physischen Körpers. Diese Übung sollte mindestens eine halbe Stunde dauern. Nach einigem Üben werden Sie überrascht sein, was diese Übung in Ihnen bewirkt.

Ausgehend von den Untersuchungen der bekannten amerikanischen Anthropologin Felicitas Goodman, begann mich dieses Thema zu interessieren. Goodman untersuchte Menschen in ekstatischer Trance, in die sie sich selbst versetzt hatten. Diese Trance wurde durch zwei Komponenten eingeleitet:

- durch eine bestimmte Körperhaltung und
- durch das Schlagen eines Rhythmusinstruments wie z. B. einer Kürbisrassel.

Dabei werden nicht, wie in der Hypnose und der Meditation, Körperfunktionen verlangsamt, sondern durch monotone Geräusche (Rasseln, Trommeln ...) sogar beschleunigt.

Das Interessante für mich an Goodmans Untersuchungen war, daß bei den verschiedenen Körperstellungen immer die gleichen Tranceerfahrungen erlebt wurden. Eine Überprüfung dieses Effekts zeigte, daß die einzelnen Tranceerfahrungen von der Körperhaltung der Versuchsperson abhängig waren. Das heißt, verschiedene Körperstellungen rufen bestimmte Tranceerfahrungen hervor. Und das unabhängig davon, wo auf der Welt und zu welcher Zeit diese Stellungen eingenommen werden.

Abbildung 21: Die richtige Handhaltung

Die hier vorgeschlagene Abwandlung der liegenden Tyr-Rune ist das Ergebnis unserer Testreihe, während der verschiedene Runenhaltungen für Trancetechniken ermittelt wurden.

Die Energiestufen

Man kann den durch das PcE-Training erzielten Energiezuwachs in verschiedene Stufen einteilen, die sich durch die damit verbundenen Veränderungen unterscheiden.
Grundsätzlich ist zu sagen, daß viele unserer Organe mit zu wenig Energie arbeiten – oder mit zuviel. Durch zu wenig Energie ist das betroffene Organ geschwächt, durch zuviel Energie in einzelnen Organen beschleunigt sich der Abnützungs- und Alterungsprozeß des Körpers.
Heute weiß man nämlich, daß der Alterungsprozeß der Zelle zu schnell abläuft, wenn einer Zelle mehr Energie als nötig zugeführt wird. Hier können die PcE-Übungen helfen, denn sie harmonisieren und verteilen die Energien im gesamten Organismus. Energieblockaden werden durch den verstärkten Energiefluß aufgelöst, und die Zellen arbeiten mit der richtigen Energiemenge. Die dadurch frei werdenden Energien stehen dann dem Gehirn zur Regenerierung zur Verfügung, und der Alterungsprozeß wird verlangsamt.

Vorübergehende Nebenwirkungen

Manche Trainierende stellen in der PcE-Meditation oder auch kurz vor dem Einschlafen einen oder mehrere der nachstehenden Effekte fest:
- ein Ziehen im unteren Bereich der Wirbelsäule
- ein Vibrieren und Pulsieren im unteren Teil der Wirbelsäule (Kreuzbeingegend)
- ein Taubheitsgefühl in den linken Zehen und/oder im Bein oder ein leichtes Ziehen im Bein
- ein Schweregefühl im Kopf oder ein leichtes Schwindelgefühl
- Kopf- und Nackenschmerzen
- zeitweise Sehstörungen
- das Gefühl der Schwerelosigkeit
- Knackgeräusche im Kopf
- das Gefühl, aufzusteigen und den Körper zu verlassen
- spontan auftretende Gefühle der Freude und Kraft
- optische Eindrücke und Ohrgeräusche

Unsere Untersuchungen dieser Phänomene brachten mich zu der Annahme, daß es sich, wie schon weiter vorne kurz beschrieben, um eine unspezifische Reizung des sensorisch-motorischen Cortexareals handelt. Wann immer diese körperlichen Reaktionen auftreten, können wir eine hohe energetische Aufladung des Gehirns messen. Große Energiemengen reizen das Gehirn, weil es daran anfangs nicht gewöhnt ist, im speziellen die Sehrinde und andere motorische und sensorische Zentren des Gehirns. Diese reagieren unter den elektrischen Reizen mit optischen, akustischen, körperlichen und gefühlsmäßigen Reaktionen. Personen, bei denen optische Phänomene auftreten (z. B. Lichtblitze im Kopf etc.), haben alle eine hochaufgeladene Sehrinde. Es sind die mitunter vorkommenden spontanen Entladungen, die dann das Lichtphänomen hervorrufen. Dieses Geschehen ist nicht unbekannt, und es legt den Gedanken nahe, daß der Begriff „Erleuchtung" mit diesem Überladungseffekt gleichzusetzen ist. Er tritt nur bei Menschen auf, die, durch welche Praktiken auch immer, ein höheres Energieniveau erreicht haben. Alle diese Phänomene sind aber nur Nebeneffekte des Überganges, ein Zeichen der Weiterentwicklung unseres Gehirns. Gewöhnen sich die Hirnzellen an die höheren Energiestufen, verändern diese auch ihre Schaltempfindlichkeit. Das bedeutet, daß das Gehirn Areale dazuschalten kann, die erst bei einem höheren Energieaufkommen erwachen. Ohne Training gerät bei einem höheren Energieangebot das Nervensystem durcheinander. Körperliche wie auch geistige Reaktionen blockieren das weitere Ansteigen der Energie, und die auftretenden Phänomene aktivieren unbewußte Ängste.

Es muß, sozusagen, vor einer Weiterentwicklung eine Desensibilisierung der elektrisch aufgeladenen Hirnzellen stattfinden. Dies geschieht am wirkungsvollsten und vor allem am schnellsten mit dem PcE-Training. Die durch das Training aktivierte Energie beschleunigt den Prozeß der Zellisolierung (Desensibilisierung) so sehr, daß das Gehirn schon kurz nach Einsetzen des regelmäßigen Übens beginnt, die überempfindlichen Zellgruppen unempfindlicher zu machen. So sind dann nach Abschluß dieses Prozesses höhere Ströme als bisher nötig, um die gleichen Reaktionen auszulösen. Dafür können nun andere Hirnareale genützt werden, die erst bei einem erhöhten Energieangebot aktiviert werden, ansonsten aber brachliegen. Angst und Nervosität sind ja auf einem niedrigeren Energieniveau die Folgen dieser Überempfindlichkeit. Innere Ruhe, Ausgeglichenheit und neue Fähigkeiten sind das Ergebnis der Desensibilisierung durch die PcE-Übungen. Die körperlichen Phänomene sind

somit das klare Zeichen, daß die Gehirnzellen noch nicht genug desensibilisiert sind. Hören die oft störenden, körperlichen Begleiterscheinungen bei Fortführung des PcE-Trainings auf, ist die erste Stufe der Desensibilisierung und somit die Basis für die Veränderung des Bewußtseins erreicht. Nur über die Desensibilisierung, durch ein erhöhtes inneres Energieangebot, kann das Gehirn in die Lage versetzt werden, auf einem höheren Energieniveau zu agieren.
Natürlich ist dieser Prozeß auch durch eine entspannende Meditation zu erreichen, wodurch die inneren Blockaden langsam abgebaut werden. Dadurch kommt mehr Energie ungehindert ins Gehirn des Meditierenden. Bis auf wenige Ausnahmen würde ein solcher positiver Prozeß jedoch viele Jahre in Anspruch nehmen, bei manchen Menschen führt allerdings auch jahrelange Meditationspraxis nicht zu diesen Erfolgen.

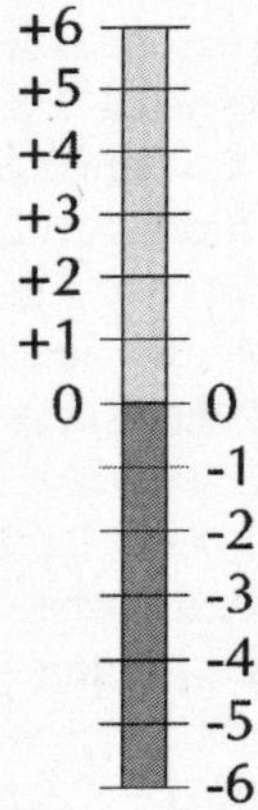

Abbildung 22: Die Energiestufen

Stufe plus 1

Allgemein: Aktivität, vor allem in der normalerweise bevorzugten Hirnhälfte. Dies bringt dem Trainierenden schnellere Reaktionsfähigkeit, gesteigerte Lernfähigkeit, bessere Bewältigung des alltäglichen Lebens, „Power" (Müdigkeit ist kein Thema mehr), der Trainierende fühlt sich zu vielen Dingen fähig, die er vorher aus Mangel an Energie nie getan hat.

Emotion: Zufriedenheit, verstärktes Interesse an der Umwelt und an inneren Abläufen.
Gesundheit: Widerstandsfähigkeit gegenüber üblichen Infektionen.

Stufe plus 2

Allgemein: Ausgleich beider Gehirnhälften auf einem hohen energetischen Niveau. Nur wenn beide Gehirnhälften auch in Streßsituationen synchron auf einem hohen Niveau arbeiten, ist der Betreffende frei von inneren Spannungen. Dies bringt dem Trainierenden noch zusätzlich zu den Fähigkeiten von Stufe 1 ganzheitliches Denken, Problemlösung mit beiden Gehirnhälften, mehr Kreativität, ganzheitlich erweiterte Wahrnehmung.
Ab dieser Stufe hat der Übende selbst die Kraft, sein Leben zu verändern. Die so aktivierte Energie kann sehr oft auch auf der physischen Ebene Körperempfindungen auslösen. Nicht jeder Körper reagiert in der gleichen Weise auf mehr Energie, es können bei manchen Personen auch gar keine fühlbaren Reaktionen auftreten, was aber nicht heißt, daß der Energiezuwachs keine inneren Veränderungen bewirkt.
Emotion: Innere Heiterkeit, starkes Interesse an der Umwelt und inneren Abläufen, Gefühlsverstärkung, Freiheit von negativen Gefühlen, wann immer der Trainierende möchte.
Gesundheit: Nahezu unfallsicher durch kurze Reaktionszeit und hohe Konzentration, beschleunigte Auffassungsgabe. Psychosomatische Krankheiten lösen sich langsam. Verstärkte Immunität gegen Bakterien und Viren.

Stufe plus 3

Allgemein: Höhere Energie in allen Hirnsektoren. Gleichzeitiger Einsatz beider Gehirnhälften wird möglich. Effekte wie Lichterlebnisse, verstärkte Tonerfahrungen, aber auch körperliche Erfahrungen sind ein Zeichen der verstärkten inneren Energie. Erste transzendentale Erlebnisse können schon auf dieser Energiestufe auftreten.
Ab dieser Stufe bewegt sich der Trainierende Schritt für Schritt auf ein neues erweitertes Bewußtsein zu. Auch der Körper wird durch die Energie zu einem

verfeinerten Instrument. Nun muß man lernen, sich über die PcE-Übungen hinaus mit mehr Energie aufzuladen. Nur wer ständig über viel Energie verfügt, kann das neue Bewußtsein auf eine solide Basis stellen.
Ab Stufe plus 3 ist es gezielt möglich, innere und äußere Energie auszutauschen.
Emotion: Innere Gelassenheit und Heiterkeit, sehr starkes Interesse an der Umwelt und an inneren Abläufen, hohe Zufriedenheit, gute Ausstrahlung, geringes bis kein Aggressionspotential.
Gesundheit: Nahezu unfallsicher, psychosomatische Krankheiten spielen auf dieser Stufe keine wirkliche Rolle mehr. Sehr gut funktionierendes Immunsystem und sehr hohe Regenerationsfähigkeit des Körpers. Jung erhaltende innere Energien.

Stufe plus 4

Allgemein: Überschreiten von allem, was gewöhnlich ist. Bewußtes Lenken und Fokussieren der inneren Energien. Die neue Energie muß genutzt werden und in die alltäglichen Aktivitäten fließen. Außergewöhnliche Fähigkeiten und innere Erfahrungen werden möglich, und das nicht nur durch Zufall.
Emotion: Innere Freude, innere Kraft, keinerlei negative Gefühle.
Gesundheit: Große Selbstheilungs- und Regenerationskräfte.

Stufe plus 5

Allgemein: Wunschweises Erleben der Transzendenz, Reise in die inneren Räume (wann immer der Trainierende will).

Stufe plus 6 und weiter

Allgemein: Erweiterte Erfahrungen in allen Bereichen des Lebens.

Aber was liegt unter den Stufen 6 bis 1? Welche Zustände, Emotionen finden wir bei Menschen mit wenig innerer Lebensenergie? Im Falle von wenig

Hirnenergie reagieren vor allem die entwicklungsgeschichtlich alten Hirnteile (siehe Abbildung 24, Seite 98), nämlich das urzeitliche „Reptilgehirn" (so genannt, weil ähnliche Strukturen Reptilien als Gehirn dienen) mit einem geschätzten Entstehungsalter von 500 Millionen Jahren und das limbische System mit einem geschätzten Alter von 200 bis 300 Millionen Jahren. Diese beiden Hirnbereiche arbeiten auch noch bei sehr wenig Energie und sind in erster Linie für die Lebenserhaltung und für die Verteidigungs- oder Fluchtreaktionen verantwortlich. In der Frühgeschichte des Lebens sicherten sie das Überleben des Individuums. Auch heute retten uns diese Hirnbereiche bei Gefahr, etwa im Straßenverkehr. Reaktionen dieser alten Zentren laufen unbewußt und unbemerkt von den höheren Hirnzentren ab. Sie entziehen sich weitestgehend unserer logischen Kontrolle. Mit wenig Lebensenergie im Gehirn werden wir fast ausschließlich von diesen eher primitiven Hirnbereichen gelenkt. Bei mehr Energie schalten wir neuere Hirnbereiche (die im Neocortex liegen) dazu, mit deren Hilfe wir immer höhere Intelligenzleistungen vollbringen können. Die alten Hirnbereiche bleiben aber aktiv und übernehmen bei wirklicher Gefahr die Regie, allerdings nur für Bruchteile von Sekunden. Die neueren Gehirnareale brauchen wie gesagt weitaus mehr Energie als die alten Hirnteile. Hat jemand zu wenig Energie, liegt sein Bewußtseinszustand unter der Energiestufe 0, die dem normalen Zustand eines Menschen entspricht.
Alle im folgenden als Minusstufen bezeichneten Bereiche zeichnen sich durch ein Energiemanko im Gehirn aus, das wir in unserem Institut messen konnten. Will man diese negativen Bereiche verlassen, muß die Energie willentlich erhöht werden. Eine Methode dazu ist das PcE-Training. Es versteht sich von selbst, daß das Training um so intensiver sein muß, je tiefer der persönliche Energielevel liegt. Es lohnt sich auf jeden Fall.

Stufe 0

Allgemein: Das ist der normale Energiebereich, hier hält sich der durchschnittliche Mensch auf. Relativ inaktiv, aber zu Aktionen fähig.
Emotion: Indifferrent, öfter zufrieden, alles ist möglich.
Gesundheit: Gelegentlich krank. Leichte Neigung zu Infektionskrankheiten aller Art.

Stufe minus 1

Allgemein: Fähig zu destruktiven Aktionen, öfter negative Gedankengänge.
Emotion: Öfter Langeweile.
Gesundheit: Gelegentlich ernste Krankheiten.

Stufe minus 2

Allgemein: Unternimmt öfter destruktive Aktionen.
Emotion: Offen gezeigter Unmut, Launenhaftigkeit, Sprunghaftigkeit.
Gesundheit: Gelegentlich ernste Krankheiten. Leidet sehr oft unter Arteriosklerose.

Stufe minus 3

Allgemein: Oft Versagen in allen Lebensbereichen. Offene und versteckte Gewalttaten gegen sich und andere. Die Umgebung und oft auch die Familie wird tyrannisiert.
Emotion: Wut, Aggression, leichte Erregbarkeit.
Gesundheit: Neigung zu Stoffwechsel- und neurologischen Krankheiten. Hoher Blutdruck.

Stufe minus 4

Allgemein: Fast ständiges persönliches Versagen in allen Lebensbereichen. Unkontrollierte negative Aktionen, versteckte Gewalttaten gegen sich und andere.
Emotion: Versteckte Wut.
Gesundheit: Neigung zu Stoffwechsel- und neurologischen Krankheiten.

Stufe minus 5

Allgemein: Fast nur unkontrollierte Aktionen.
Emotion: Hauptsächlich Angst.
Gesundheit: Chronische Fehlfunktion von Organen, schwere Krankheiten, verstärkte Neigung zu Unfällen durch stark verminderte Reaktionsfähigkeit und Unkonzentriertheit, lange Phasen von Depression, ständige Müdigkeit, Lustlosigkeit, Hoffnungslosigkeit.

Stufe minus 6

Emotion: Völlige Apathie.

Teil III
Lebenskraft, Gesundheit und Spiritualität durch PcE-Training

Die Blockaden entlang der Wirbelsäule

Es gibt innerhalb und außerhalb unseres Körpers einige Faktoren, die den Energiezuwachs oder -strom behindern oder fördern können. Nahezu alle diese Faktoren sind beeinflußbar.

Mit dem PcE-Meßverfahren konnten wir sieben Stör- und Blockadezonen im Bereich der Wirbelsäule aufspüren, wo Behinderungen im Energiefluß auftreten, wenn zu starke Muskelverspannungen (mittels Elektromyogrammessung – EMG – feststellbar) und Wirbelfehlstellungen in diesen sensiblen Bereichen vorliegen.

Diese Zonen liegen (siehe Abbildung 23):

- zwischen Kreuzbein und Steißbein (1)
- zwischen 5. Lendenwirbel und Kreuzbein (2)

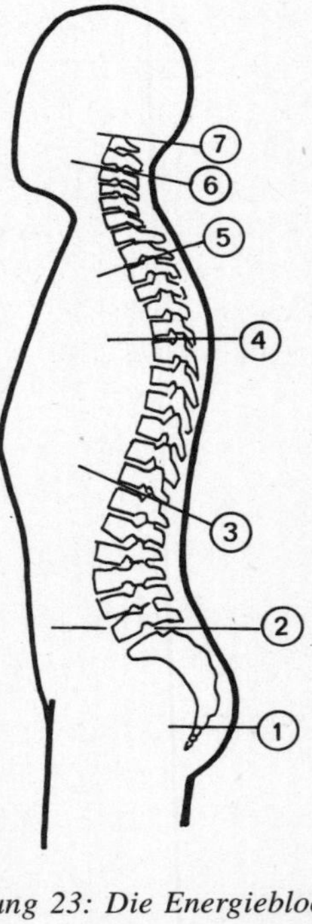

Abbildung 23: Die Energieblockaden

- zwischen 11. und 12. Brustwirbel (3)
- zwischen 5. und 6. Brustwirbel (4)
- zwischen 1. und 2. Brustwirbel (5)
- zwischen 2. und 3. Halswirbel (6)
- im Bereich des 1. Halswirbels/Kopfes (7)

Als Hauptstörzonen kann man aber vor allem die Zone 5. Lendenwirbel/Kreuzbein und weiters den Bereich zwischen 1. und 6. Halswirbel sehen. Der am dritthäufigsten gestörte Bereich ist jener zwischen 5. und 6. Brustwirbel. Dort kommt es vor allem bei jüngeren Testpersonen zu Muskelverspannungen. Alle anderen Zonen sind seltener in Mitleidenschaft gezogen.

Um diese Störzonen zu entspannen und für den Energiefluß besser durchgängig zu machen, haben wir die Runen-Übungen in das PcE-Training aufgenommen. Sie lockern auf einfache, aber effiziente Weise Muskelverspannungen entlang der Wirbelsäule. Schon allein durch diese Runen-Entspannungstechnik wird ein verstärkter Energiefluß und eine leichte Gehirnaufladung auf unseren Meßgeräten sichtbar. Bei extremen Blockaden empfiehlt sich ein Muskelentspannungs-Feedbacktraining mit EMG.

Sollten Sie bei den PcE-Übungen einmal ein leichtes Ziehen im Nacken oder einen leichten Kopfdruck verspüren, so ist dies ganz normal. Solche Effekte weisen auf Energiestaus im Schulter-, Hals- und Kopfbereich hin, die im Zuge des PcE-Trainings von selbst vergehen. Zur Linderung dieser Störungen können Sie auch die Kopfkreisübung (siehe Seite 61) sowie die I-Stellung und die Y-Stellung einige Minuten durchführen.

Das Wunderhormon Melatonin

Viel war in der letzten Zeit vom körpereigenen Hormon Melatonin die Rede. Nach neuesten wissenschaftlichen Erkenntnissen verlangsamt es den Alterungsprozeß, stimuliert das Immunsystem und macht die Gefäßwände wieder elastisch. Es hilft gegen Herzkrankheiten, Bluthochdruck, Immunschwäche, Krebs, es schützt vor Freien Radikalen …

Das seit etwa dreißig Jahren bekannte Hormon wird in der erbsengroßen Zirbeldrüse (Epiphyse, siehe Abbildung 24) produziert. Heute weiß man, daß es sich bei diesem ziemlich einfach aufgebauten Molekül um ein hochwirksames körpereigenes Medikament handelt, das den Alterungsprozeß zumindest stark verzögern hilft.

Dazu muß man wissen, daß die Wissenschaft mehrere Auslöser für den vielschichtigen Alterungsprozeß erforscht. Die heute gängige Meinung geht dahin,

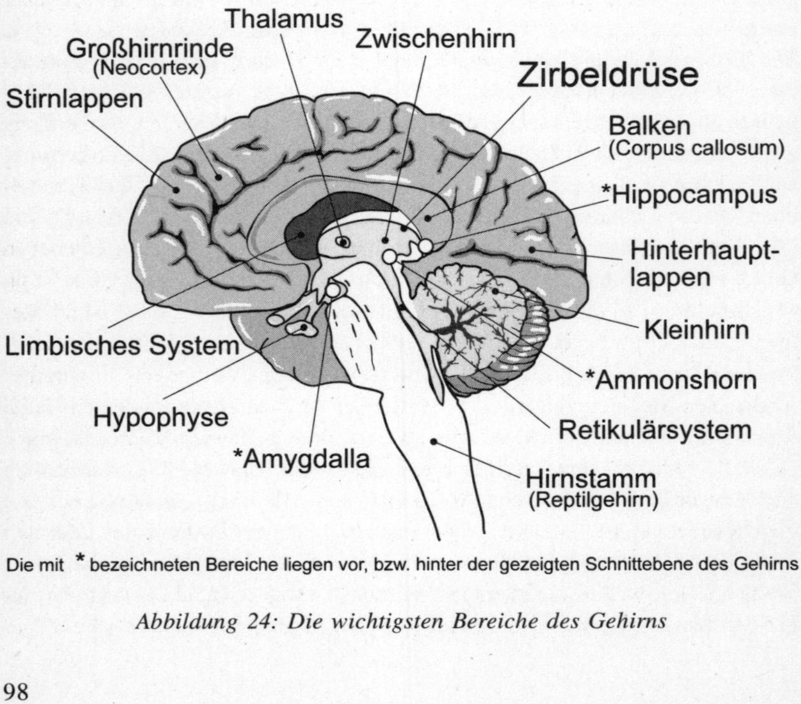

Abbildung 24: Die wichtigsten Bereiche des Gehirns

daß verschiedene Gene an der Einleitung des schrittweisen körperlichen Verfalls beteiligt sind. Dazu kommen Schädigungen der Erbsubstanz einzelner Zellen, ausgelöst durch Freie Radikale, das sind Stoffe, die durch Oxidation im menschlichen Körper entstehen, und Störungen durch elektromagnetische Strahlen. Die innere Lebensenergie kann, wenn sie ausreichend und harmonisch im Körper fließt, die alternden Zellen regenerieren. Und das Hormon Melatonin verstärkt diesen Prozeß.
Tatsächlich wird die Zirbeldrüse schon in den Veden beschrieben, den Lehrtexten der altindischen Religion und des Yoga. Gemeinsam mit dem dazugehörigen Chakra (dem Scheitelchakra Sahasrara) wird die Zirbeldrüse in den alten Texten als das höchste spirituelle Zentrum, das Eingangstor zur höchsten Ruhe und Harmonie bezeichnet.
Aber auch das chinesische Tao-System vertritt eine ähnliche Auffassung. In beiden Lehren werden mehrere Chakras beschrieben, körpereigene Energiezentren, die mit den sieben endokrinen Drüsen in Wechselbeziehung stehen sollen. Über diese Drüsen – so heißt es – wird unser Körper mit frischer Energie versorgt, und sämtliche Körperfunktionen werden durch sie geregelt. Wir wissen heute, daß die Stimulierung der Zirbeldrüse mit Licht die Produktion von Geschlechtshormonen ankurbelt. Die alten Yoga-Meister aber behaupteten schon vor Tausenden Jahren, daß ein besonderer Zusammenhang zwischen den Geschlechtsdrüsen und der Zirbeldrüse besteht. Die Zirbeldrüse stellt nach Auffassung der Yogis das höchste körperliche Chakra, das Scheitel- oder Kronen-Chakra dar. Das höchste Ziel der Meditation ist, dieses Chakra und somit die Zirbeldrüse vermehrt zu aktivieren, was zu einem erhabenen Glückszustand (Samadhi) führen soll. Heute wissen wir, daß die Stimulation der Zirbeldrüse zu einer vermehrten Melatonin-Ausschüttung führt. Mehr Melatonin im Gehirn bedeutet, daß die Gehirnwellen wie im Schlaf in den langsameren Theta-Bereich (3,5–7 Hz) verlagert werden. Messungen an meditierenden Zen-Meistern zeigten, daß bei tiefsten Meditationszuständen das EEG Frequenzen aufwies, die sonst nur im Tiefschlaf gemessen werden können. Doch die Mönche waren in ihrer Meditation wach. Und: Meßbar wurde auch eine gewaltige hirnelektrische Aufladung, eine Aktivität, die normalerweise gleichbedeutend ist mit einem überwachen geistigen Zustand der höchsten Aktivierung. Während das Hirnstrombild des EEG also große und langsame Wellen, Gehirnwellen, die in einem zumindest mitteltiefen Schlafzustand sichtbar werden, zeigte, waren die Meditierenden in einem Zustand höchster Ge-

hirnleistung. Ein faszinierender Effekt. Es gibt also einen (meßbaren) Bewußtseinszustand, der zwischen Wachen und Schlaf liegt und den man am ehesten noch als „hellwachen Schlaf“ bezeichnen könnte. Einen Zustand, der uns zu einer neuen Qualität der Wahrnehmung und des Bewußtseins führt. Auch ohne jahrelange Zen-Praxis können Sie einen ähnlich hohen Bewußtseinszustand erlangen. Die notwendige hohe energetische Aufladung erreichen Sie durch die PcE-Übungen.
Die langsamen, dem Schlafzustand entsprechenden Hirnwellen werden durch eine verstärkte Aktivierung der Zirbeldrüse hervorgerufen, die dann vermehrt Melatonin ausschüttet. Und Melatonin ist eben unter anderem ein körpereigenes Schlafmittel, das darüber hinaus noch streßmindernd wirkt. Jedenfalls sollte es Ihr Bestreben sein, wenigstens zum Zeitpunkt der Abendmeditation viel Melatonin zu produzieren, die Melatoninproduktion nicht zu stören und das Gehirn durch das PcE-Training energetisch aufzuladen.

Melatonin, die geheimnisvolle Substanz

Nicht nur beim Menschen, sondern auch bei allen Tieren und Pflanzen, die man auf das Vorhandensein von Melatonin hin untersucht hat, fand man das Hormon, bei Tieren sorgt es nachweislich für den Winterschlaf. Das Melatonin-Molekül, das in unserem Blutkreislauf zirkuliert, ist das gleiche, das auch in Tieren und Pflanzen bis hin zu den einfachsten einzelligen Algen zu finden ist. Es ist eine Substanz, die in allen Formen des Lebens in genau demselben molekularen Aufbau vorkommt. Und bei allen untersuchten Lebensformen hatte das Hormon dieselben Aufgaben:

- den 24-Stunden-Rhythmus zu regulieren. Nachts ist der Melatoninspiegel 5- bis 10mal höher als tagsüber;
- zur Regeneration der Zellen beizutragen;
- bei Menschen und Tieren die Gehirnzellen zu verlangsamen und somit entspannend zu wirken. Deshalb wird Melatonin auch als Schlaf- und Erholungshormon bezeichnet.

Verabreicht man Testpersonen Melatonin, so kann man nicht nur eine Verlangsamung der Gehirnströme, der Atmung und Herzfunktion messen. Auch der Blutdruck, die Hauttemperatur und die Muskelspannung verändern sich stark. Insgesamt tritt eine allgemein beruhigende Wirkung ein. Bei Befragung

beschrieben die Testpersonen Gefühle des Wohlbefindens und der gemäßigten Hochstimmung.
Melatonin spielt eine entscheidende Rolle in der Zusammenarbeit des chemischen und des elektrischen Netzwerks im Körper. Die Zirbeldrüse wird durch Licht, elektromagnetische Felder und auch chemische Stoffe quasi ein- und ausgeschaltet. Vor allem der Tag-Nacht-Rhythmus steuert die Zirbeldrüse. Wenn Licht auf die Netzhaut fällt, so löst es nämlich einen Nervenreiz aus. Die Augen sind durch Nervenfasern direkt mit der Zirbeldrüse verbunden. Es besteht sogar die berechtigte Vermutung, daß die Zirbeldrüse sich aus den Zellstrukturen der Augen entwickelt hat. Viele alte Texte weisen darauf hin, daß die Zirbeldrüse unser drittes Auge ist und nicht, wie oft fälschlich behauptet wird, die Hirnanhangdrüse (Hypophyse).
Während also Licht auf die Augen fällt, wird im Gehirn Serotonin, aber so gut wie kein Melatonin produziert. Erst bei Dunkelheit verwandelt die Zirbeldrüse Serotonin in Melatonin. Wie Melatonin macht auch Serotonin ruhig, sanft, introvertiert und auch schläfrig.

Die Zirbeldrüse und elektromagnetische Felder

Neueste Forschungen ergeben zweifelsfrei, daß es neben der Wirkung des Lichts auch eine direkte Auswirkung von elektromagnetischen Feldern auf die Zirbeldrüse und somit auf die Hormonproduktion gibt. Es scheint, als wären wir mit unserer Zirbeldrüse ans erdmagnetische Feld angekoppelt. Über die Zirbeldrüse empfangen wir (zumeist unbewußt) viele natürliche elektromagnetische Strahlungen und reagieren darauf. Durch Messungen konnte festgestellt werden, daß die Zirbeldrüse auf elektrische und magnetische Felder reagiert, viele Felder unterbinden sogar die Melatoninausschüttung. Elektrische Felder wirken auf die Melatoninproduktion erst ab einer Größenordnung von mehr als 2 kV/m drosselnd. Anders ist es bei Magnetfeldern: Schon bei einer Strahlungsdichte von 0,4 μT im ELF-Bereich (50 Hertz) wird kein Melatonin mehr gebildet. Das aber sind Felder, die im Haushalt leicht entstehen können. Radiowecker, Funktelefone, Heizkissen, Fernseher, Computermonitore, Kopierer, Faxgeräte, geheizte Wasserbetten, Klimaanlagen, Trafos von Geräten und Lampen, auch manche Sparlampen sind Feldproduzenten, die den natürlichen Zirbeldrüsenzyklus stören können. Gerade in der Nacht und

während der Meditation aber sollte die Melatoninproduktion nicht beeinträchtigt sein. Da eine wirksame Abschirmung technisch nicht einfach ist, bleibt praktisch nur die Möglichkeit, rigoros alle elektromagnetischen Quellen wie Radiowecker etc. aus einem Umkreis von mindestens einem Meter um Ihren Schlafplatz zu entfernen. Beim Fernsehen sollten Sie einen Abstand von mindestens zweieinhalb Metern zum Bildschirm einhalten. Wenn Sie vor dem Schlafengehen oder der Meditation Computerarbeit vermeiden, kann Ihre Zirbeldrüse ihre natürlichen Funktionen besser erfüllen und Ihr Körper sich besser regenerieren. Auch wenn Ihr Fernseher in Bereitschaftsstellung („Standby") ist, erzeugt sein Netztransformator elektromagnetische Strahlung. Die wird nur durch den Netzschalter am Gerät unterbunden.
Heute gibt es schon gute und auch preiswerte technische Meßgeräte, mit denen eine Untersuchung des Schlafplatzes und des Meditationsortes auf elektromagnetische Strahlen leicht erfolgen kann. Auch einige Firmen bieten solche Meßdienste an. So ist es einfach, störende Strahlenquellen auszuschalten. Die US-Behörde für Strahlenschutz (NCRP) fordert Grenzwerte von 0,2 µT bei Magnetfeldern mit einer 50-Hz-Frequenz, nachdem eine gut fundierte Studie massive Beweise erbrachte, daß auch schwache Strahlungen langfristig Gesundheitsschäden verursachen können.

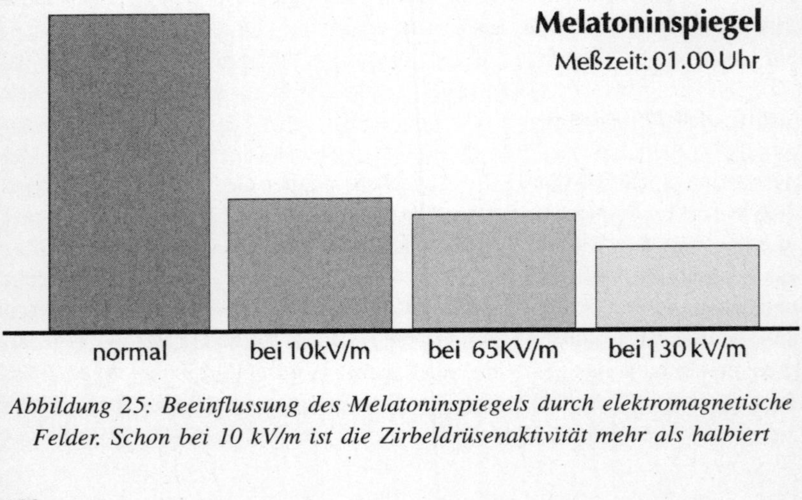

Abbildung 25: Beeinflussung des Melatoninspiegels durch elektromagnetische Felder. Schon bei 10 kV/m ist die Zirbeldrüsenaktivität mehr als halbiert

So können Sie elektromagnetische Felder selbst messen

Mittels eines kleinen batteriebetriebenen AM-Radios kann jeder die Stärke der Strahlung von Elektrogeräten wie Fernseher, Radiowecker, Stereoanlagen, Computer, Neonröhren, Sparlampen, Trafos, Föns, Rasierer etc. überprüfen. Wollen Sie z. B. die Stärke der negativen Strahlung ihres Fernsehers prüfen, so schalten Sie einfach ein AM-Radio (auf Mittelwellenempfang) ein. Stellen Sie den Empfänger auf einen Bereich ein, in dem kein Sender zu hören ist, sondern nur gleichmäßiges Rauschen, und drehen Sie auf maximale Lautstärke. Nun gehen Sie mit dem Radio langsam auf den eingeschalteten Fernseher zu. In einer Entfernung von ca. zwei Metern bis 30 Zentimetern wird das gleichmäßige Rauschen stärker und eventuell sogar in ein unangenehmes Knattern übergehen. Schalten Sie das Fernsehgerät ab, werden die Störgeräusche schwächer. Wenn Sie mit dem Radio nun von einem Gerät langsam weggehen, kommen Sie an einen Punkt, wo das verstärkte Rauschen verschwindet und wieder dem Anfangsgeräusch Platz macht. Hier ist die elektromagnetische Feldstärke gering genug, um die Zirbeldrüse in ihrer Tätigkeit nicht zu stören. Sie müssen das Radio an jedem Punkt, den Sie messen wollen, leicht hin und her bewegen, um die höchste Einstrahlung (diese zeigt sich durch stärkeres Rauschen) zu empfangen. Versuchen Sie es einfach, und entfernen Sie alle Geräte aus Ihrem Schlaf- und Meditationsbereich oder erhöhen Sie den Abstand zu diesen Geräten so weit, daß im Bettbereich und an Ihrem Meditationsplatz keine Störfelder mehr wirken.

Licht und Melatonin

Blaugrünes Licht wie auch helles Tageslicht stoppen die Melatoninproduktion. Schon eine Lichtintensität von ca. 2000 Lux mindert die Melatoninproduktion, Lichtmengen von 20 000 Lux können schon massiv hemmend wirken. (Lux ist das Maß für die Lichtstärke. Der Wert von 100 Lux entspricht einer Lichtintensität, die von einer 100-Watt-Lampe im Umkreis von eineinhalb Metern in einem ansonst dunklen Zimmer erzeugt wird. An einem besonders hellen Sommertag kann das Licht im Freien mehr als 100 000 Lux erreichen.) Violettrote Lichtwellenkombinationen regen hingegen die Melatoninproduktion an.

So können Sie die Zirbeldrüsenaktivität steigern

Sie sollten immer darauf achten, daß Ihre Zirbeldrüse aktiv ist, denn sie ist mehr als ein simpler Hormonlieferant. Sie ist, wie schon gesagt, auch ein Empfänger für elektromagnetische Botschaften. Würden wir unseren Melatoninbedarf einfach durch die Zufuhr von körperfremdem Melatonin decken, so würde die Zirbeldrüse immer weniger aktiv sein. Natürlich kämen wir trotzdem zu den vielen positiven Effekten, die das Hormon in unserem Körper bewirkt. Doch eines würden wir dadurch nur schwer erreichen: eine verstärkte Aktivität unserer Zirbeldrüse, unseres höchsten Energiezentrums.

Die Dunkelheit der Nacht und tagsüber der Aufenthalt im Freien helfen, den richtigen Zirbeldrüsen-Rhythmus zu finden. Aber auch regelmäßige körperliche Bewegung, ein warmes Bad vor dem Zubettgehen, schlafen in einem kühlen und abgedunkelten Raum tragen dazu bei.

Die I-, die T-Runen-Haltung wie auch die Y-Runen-Haltung aktivieren das Scheitelchakra und die Zirbeldrüse, und auch die PcE-Meditation ist ein wirksamer und natürlicher Weg, die Melatoninproduktion anzukurbeln. Menschen, die regelmäßig meditieren, weisen einen signifikant höheren Melatoninspiegel auf als die Normalbevölkerung. Ihr Gesundheits- und Geisteszustand verbessert sich dabei. Da die Zirbeldrüse auch auf psychische Einflüsse reagiert, können Sie die Aktivität der Zirbeldrüse durch Visualisation des Flusses der Lebensenergie in das Zentrum des Kopfes steigern. Auch das Einatmen von Neroli-Öl, einem ätherischen Öl, verlangsamt die Hirnströme und regt damit die Zirbeldrüsenfunktion an.

Meiden Sie hingegen süchtig machende Stoffe wie Nikotin, Alkohol, Koffein, und überprüfen Sie Ihren Medikamentenschrank. Manche Arzneimittel stören die Arbeit der Zirbeldrüse nämlich beträchtlich. Dazu gehören zum Beispiel Alpha- und Betablocker, die gegen Bluthochdruck, Migräne und verschiedene Herzkrankheiten eingesetzt werden.

Aber auch andere Medikamente wirken sich nachteilig auf den Melatoninhaushalt aus, etwa Aufputsch- oder Beruhigungsmittel, also alle Arzneien, die den Schlaf- und Aktivitätszyklus beeinflussen, aber auch rezeptfreie Medikamente, zum Beispiel gegen Erkältung und Schmerzen.

Befragen Sie grundsätzlich Ihren Arzt oder Apotheker, ob die Einnahme eines Medikaments Einfluß auf die Tätigkeit der Zirbeldrüse hat. Falls Sie solche Medikamente derzeit einnehmen, besprechen Sie mit Ihrem Arzt eine etwaige

Umstellung auf andere. Oft genügt aber auch schon eine Änderung der Einnahmezeiten, um eine negative Wirkung zu verhindern.
Sollten Sie einmal eine Störung Ihres Melatoninhaushaltes vermuten, etwa weil Sie zeitweise unter Schlafstörungen leiden, greifen Sie am besten zu natürlichen Mitteln, um Ihren Melatoninspiegel zu erhöhen.
So hat sich herausgestellt, daß die weitverbreiteten Heilpflanzen Johanniskraut und Ringelblume, als Tee (1 bis 2 Gramm auf 100 Milliliter Wasser) genossen, den Melatoninspiegel anheben, und zwar besonders dann, wenn diese Pflanzen noch nachts zwischen 1 und 3 Uhr geerntet werden. In der Volksmedizin wird Johanniskraut ja schon seit mehr als zweitausend Jahren als Mittel gegen Depressionen eingesetzt. Wissenschaftliche Untersuchungen haben bestätigt, daß Johanniskraut antidepressiv wirkt, was auf den natürlichen Melatoningehalt der Pflanze zurückzuführen ist. Da Johanniskraut auch die Lichtempfindlichkeit der Haut erhöht, meiden Sie bitte starke Sonneneinstrahlung nach Einnahme von Johanniskraut.

melatoninreiche Nahrungsmittel	**tryptophanreiche Nahrungsmittel**	
Hafer	Spirula-Tang	Mandeln
Zuckermais	Sojanüsse	Erdnüsse
Reis	Hüttenkäse	Milch
Ingwer	Kürbiskerne	Joghurt
Tomaten (nicht alle Sorten)	Putenfleisch	
Bananen	Hühnerfleisch	
Gerste	Tofu	

Auch die essentielle Aminosäure Tryptophan hebt den Melatoninspiegel. Wenn Sie viel tryptophanhältige Lebensmittel essen (siehe Kasten), kurbelt das die Melatoninproduktion an.
Mit viel grünem Tee und Vitamin E, C, B_3, B_6 sowie ausreichend Kalzium, Magnesium und Betakarotin in Ihrer Kost, können Sie die Melatoninproduktion verbessern. Wenn Sie Vitamin- und Mineralstoffpräparate nehmen, beachten Sie, das Vitamin B_6 morgens einzunehmen, denn es kann munter und aktiv machen. Kalzium- und Magnesiumtabletten sollten Sie eher abends ein-

nehmen. Versuchen Sie aber lieber, diese Stoffe soweit wie möglich mit Ihrer Nahrung aufzunehmen.
Befolgen Sie diese Ratschläge, werden Sie schnell eine Verbesserung Ihres körperlichen Wohlbefindens verspüren und Ihre Zirbeldrüse wird zu einem empfindlichen Empfänger für Informationen von außen. Mit einer aktiven Zirbeldrüse können Sie die höchstmögliche Stufe der PcE-Meditation erreichen und damit auf eine neue Bewußtseinsebene gelangen.

Sex und Lebensenergie

In vielen Meditationssystemen gilt es bis heute als unvereinbar, sexuell aktiv zu sein und gleichzeitig die sexuelle Energie zur Erhöhung der persönlichen Spiritualität einzusetzen. Dieses Denken kommt aus einer Zeit, in der man noch glaubte, daß die Sexualenergie beim Mann aus der Samenflüssigkeit besteht und bei der Frau im Vaginalsekret. Bei der Erweckung der Lebensenergie – so berichteten Eingeweihte aus Ost und West – verspüre der Meditierende, wie sich ein Flüssigkeitsstrahl aus dem Bereich der Sexualorgane und des unteren Teils der Wirbelsäule entlang der einzelnen Energiezentren bis hinauf in den Kopf ergießt. Daß es sich bei diesen Empfindungen in Wirklichkeit nicht um ein Aufsteigen von Flüssigkeiten handelt, sondern um das Aufsteigen reiner (elektrischer) Energie, wußten die Menschen damals noch nicht.

Daher war es auch naheliegend, daß man diese wertvollen Säfte aufsparen wollte und seine Sexualität einem höheren Zweck opfern mußte. Das Dogma von der sexuellen Enthaltsamkeit, dem Zölibat, breitete sich aus.

Daß diese Lehre von falschen Gegebenheiten ausgeht, sieht man schon daran, daß es bei ständiger Enthaltsamkeit zu einer Störung der Geschlechtsdrüsenaktivität und einer damit verbundenen Störung der übrigen Drüsen, ganz voran der Zirbeldrüse und der Hypophyse, kommt.

Was hingegen richtig ist, ist die Tatsache, daß der Pc-Muskel nach einem Geschlechtsverkehr mindestens ein bis zwei Stunden lang weniger Energie abgibt, da er sich erst wieder regenerieren muß. (Ein gut trainierter Pc-Muskel regeneriert sich natürlich schneller als ein untrainierter Muskel.) Daher sollte man nicht gleich nach dem sexuellen Akt meditieren.

Ein eintretender Orgasmus baut die meiste im Gehirn vorhandene Energie ab. Es dauert dann wieder einige Zeit (ca. eine Stunde), bis die nötige Grundspannung neu aufgebaut ist. In dieser Zeit sind die meisten Menschen eher müde und entspannt. Sie sind weit davon entfernt, die für die Meditation notwendige Energie im Gehirn aufzubauen.

Ernährung und Lebensenergie

Die wenigsten Menschen wissen, welche Funktion im Körper die meiste Energie verbraucht. Es ist die Verdauung!

Nahrung, die im Magen und Darm zu lange liegenbleibt, entzieht dem Körper unglaubliche Mengen an innerer Energie. Falsch kombinierte Nahrungsmittel bleiben zu lange im Verdauungssystem. Wenn Sie aber Ihre Nahrung nach der Verträglichkeit zusammenstellen, werden Sie anstatt eines großen Energieverlustes einen Energiezuwachs erlangen. Denn richtige Lebensmittel und Lebensmittelkombinationen setzen die Lebensenergie frei, mit der Sie im PcE-Training arbeiten. Wenn Sie Ihre Grundenergie dauerhaft anheben wollen, dann sollten Sie auf Ihre Ernährung achten.

Verschiedene Messungen haben gezeigt, daß das Grundniveau der Lebensenergie – das auch stark mit der Vitalität des einzelnen zusammenhängt – während der Verdauungsphase oft sehr gering ist. Gerade nach dem Verzehr von schwer verdaulichen Nahrungsmitteln ist das Energieniveau sehr niedrig. So schwächen zum Beispiel viel Fett, auch fettes Fleisch vorübergehend den Fluß der Lebensenergie.

Fühlen Sie sich nach dem Essen oft müde? Dann haben Sie entweder zuviel oder das Falsche gegessen oder zuviel Alkohol getrunken!

Müdigkeit nach dem Essen ist ein unnatürlicher Zustand, der darauf zurückzuführen ist, daß die Nahrungsmittel zu lange im Magen liegenbleiben (siehe Kasten, Seite 109) und sich dort (chemisch) verändern. Wenn dann in dieser Phase nicht genug Magensäure gebildet wird, kommen die Verdauungsenzyme nicht richtig zur Wirkung. Das Resultat: Die Kohlenhydrate beginnen im Magen zu gären, es entstehen dabei höhere Alkohole, das verzehrte Eiweiß geht gleichzeitig in Fäulnis über. Die so entstehenden Stoffwechselgifte – die in den Blutkreislauf kommen – erzeugen ein Gefühl der Benommenheit, Müdigkeit und verringern die Vitalität.

Menschen, die unter dieser Problematik leiden oder mehr Grundenergie haben wollen, sollten ihre Ernährungsgewohnheiten umstellen. Denn der menschliche Organismus scheint nicht dafür geschaffen zu sein, Kohlenhydrate und Eiweiß problemlos gleichzeitig zu verdauen.

Die nun aus dieser Erkenntnis abgeleitete Maßnahme ist, die eiweißreichen und die kohlenhydratreichen Nahrungsmittel nicht zu einer Mahlzeit zu essen. Also Ei, Käse, Fleisch, Fisch und Soja getrennt zu essen von Kartoffeln,

Getreide, Reis, Mehl, Zucker und Süßigkeiten. Salate, Gemüse und Obst können als Beilage für beide Nahrungsmittelgruppen verwendet werden.
Das nennt man Trennkost, und das Konzept dazu stammt vom amerikanischen Arzt Howard Hay. Wenn Sie sich so ernähren, steigt Ihre Vitalität und der Fluß der Lebensenergie. Darüber hinaus entlasten Sie Ihren Körper. Im Falle einer Trennkosternährung laufen nämlich die Verbrennungsprozesse im Verdauungsapparat voneinander getrennt ab und bilden dadurch weit weniger Abfallstoffe.
Der Grund dafür ist, daß Eiweißstoffe unter Einfluß der Magensäure verwertet werden, Kohlenhydrate und auch Fette (daher bringt fettes Fleisch vermehrte Probleme) werden aber im oberen Dünndarm (in einem basischen Milieu) verwertet. Langzeitbeobachtungen von Ernährungswissenschaftlern zeigen, daß das generelle Wohlbefinden bei Trennkost im Vergleich zu Normalkost um vieles besser ist. Als starker Lebensenergielieferant hat sich vor allem Vollgetreide (z. B. als Getreidesuppe aus Weizen oder Hafer, mit Gemüse zubereitet) herausgestellt. Machen Sie selbst für sich die Probe. Helfen Sie Ihren inneren Kräften auch durch eine Ernährungsumstellung, es lohnt sich auf jeden Fall. Meiden Sie weiters zuviel raffinierten weißen Zucker und zuviel Salz, würzen Sie lieber mit Kräutern. Nach einiger Zeit Trennkost wird sich Ihr Wohlbefinden deutlich verbessern. Ihre Grundenergie steigt an. Bei Übergewicht kommt es oft noch zu einem angenehmen Zusatzeffekt: in Form einer Gewichtsabnahme.

Verweildauer der Lebensmittel im Magen

Obst	20 bis 30 Minuten
rohes Gemüse	2 Stunden
Salate	2 Stunden
richtig kombinierte Mahlzeit ohne Eiweiß	3 Stunden
richtig kombinierte Mahlzeit mit Eiweiß	4 Stunden
falsch kombinierte Mahlzeit, also Eiweiß und Kohlenhydrate vermischt	8 und mehr Stunden

Obst

Obst hat von allen Nahrungsmitteln den größten Anteil an Wasser. Die meisten Obstarten enthalten gar 80 bis 90 Prozent energiereiches Wasser. Dazu kommen Vitamine, Mineralstoffe, Enzyme, Aminosäuren, Fettsäuren, Kohlenhydrate und Fruchtzucker – alles unentbehrliche Stoffe, die der menschliche Organismus braucht. Obst reagiert, bis auf wenige Ausnahmen, alkalisch im Körper. Unsere Nahrung sollte zu ca. 80 Prozent aus solchen alkalisch reagierenden Stoffen bestehen. Wenn Obst richtig gegessen wird, kann es in seiner wohltuenden Wirkung für den Körper von keinem anderen Nahrungsmittel übertroffen werden. Die wichtigste Grundvoraussetzung für ein gesundes Leben ist genügend Lebensenergie. Da wir nun wissen, daß vor allem die Verdauung – je nach Nahrung – viel Energie verbraucht, sollten wir, um diesen Energieverbrauch einzuschränken, viel Obst zu uns nehmen. Denn Obst erfordert zur Verdauung sehr wenig (eigentlich die wenigste) Energie. Obst und Obstsäfte werden nicht im Magen, sondern im Darm verdaut. Sie halten sich, bis auf Bananen, Datteln und Feigen, nur kurze Zeit (ca. 20 bis 30 Minuten) im Magen auf und geben dann ihre energiereichen Stoffe in den Darm ab. Bleibt Obst länger im Magen, wird es weniger gut verträglich. Es sollte daher niemals mit anderer Nahrung oder unmittelbar vor oder nach einer Mahlzeit gegessen werden. Essen Sie also Ihr Obst, so wie es Harvey und Marilyn Diamond in ihrem Buch „Fit fürs Leben" beschreiben, entweder am Morgen als Frühstück oder am Abend, wenn genügend Zeit zur vorhergegangenen Mahlzeit verstrichen ist. Denn sobald Obst sich mit einer bereits im Magen befindlichen anderen Nahrung vermischt, ändert sich der gesamte Mageninhalt durch die Verdauungssäfte: Eiweiß beginnt dann zu faulen, Kohlenhydrate und Obst fangen zu gären an.

Sie sollten also mindestens drei bis vier Stunden nach einem Essen warten, bis Ihr Verdauungssystem bereit ist, Obst oder Obstsäfte aufzunehmen. Wenn Sie aber eine falsch zusammengestellte Speise, also sowohl Kohlenhydrate als auch Eiweiß, zu sich genommen haben, beträgt der Zeitraum mindestens acht Stunden, in denen Sie kein Obst essen sollten. Durch das richtige Essen von Obst wird Ihr Tag energiereich, und Sie fühlen sich kraftvoll.

Vitamine

Vitamine sind die Nahrungsmittel der Drüsen. Es sind nämlich die Stoffe, aus denen die Drüsen die nötigen Energien gewinnen, die wiederum die verschiedenen Organe des Körpers erneuern.
Achten Sie darauf, daß Sie täglich genügend Vitamin B_1 bekommen, das erhöht die Lebensenergie. Das Vitamin B_1 wird nicht, wie viele andere Vitamine, vom Körper gespeichert, sondern muß täglich neu aufgenommen werden. Es ist in allen Gemüsesorten und Früchten mit gelber Farbe enthalten, also z. B. in Rüben, Kürbis, Mais, Zitronen, Orangen, Grapefruits, Pfirsichen, aber auch in Weizen.
Kontrollieren Sie, ob genügend Vitamine mit der Ernährung dem Körper zugeführt werden. Versuchen Sie, Ihren Vitaminbedarf vor allem auf natürliche Weise (Obst und Gemüse) zu decken. Nehmen Sie Vitaminpräparate nur, wenn Ihre Kost – aus welchen Gründen auch immer – nicht vitaminreich ist.

Spurenelemente

Für die Entwicklung der Lebensenergie sind neben den Vitaminen die Spurenelemente ein wichtiger Bestandteil unserer Ernährung. Mangelerscheinungen führen in weiterer Folge zu Stoffwechselproblemen. Besonders bei Menschen, deren Lebensraum moderne Großstädte sind – die eventuell sogar in unmittelbarer Nähe von Großindustriezentren leben –, ist eine ausreichende Versorgung mit Spurenelementen (und Vitaminen) sehr wichtig.
Essen Sie viel Getreideprodukte, die den Keim des Korns enthalten, aber auch Blattgemüse, Brunnenkresse, Karotten, Früchte und, wenn Sie nicht zu Übergewicht neigen, Nüsse (vor allem ungesalzene Mandeln), Spinat, Linsen, Rotkohl (Rotkraut) und Käse. Auch Algenprodukte sind Nahrungsstoffe mit viel Mineralstoffen, Kalzium, Phosphor, Eisen und Jod. Sie können, wenn Sie nachweislich einen Mangel an gewissen Spurenelementen haben, auch zeitweise Zusatzpräparate einnehmen. Lassen Sie sich von einem Ernährungsberater oder dem Arzt Ihres Vertrauens beraten.
Bedenken Sie auch, daß der Spurenelemente- und Vitaminhaushalt direkt Ihre Widerstandsfähigkeit und die Energieaufbereitung aus der Nahrung beeinflußt.

Wasser

Die Qualität des Trinkwassers kann sich stark auf die Lebensenergie auswirken. Bedenken Sie, daß unser Körper zu 70 Prozent aus Wasser besteht. Unser Trinkwasser, das weitgehend frei von Bakterien und Nitrat sein sollte, hat neben seiner örtlich oft sehr unterschiedlichen chemischen Komponente auch eine energetische Eigenschaft. Diese energetische Eigenschaft verändert auch die physikalischen Eigenschaften des Wassers (meßbar in der elektrischen Leitfähigkeit, der Viskosität, der Oberflächenspannung ...)

Gerade die positiven Eigenschaften des Wassers können zerstört werden, etwa wenn das Wasser in einem Mikrowellenherd längere Zeit erwärmt wird – dann verliert es viel von seiner Energie. Verzichten Sie daher darauf, Teewasser im Mikrowellenherd zu erhitzen. Auch das Kochen von Suppen sollte besser auf die herkömmliche Art erfolgen. Wenn Sie oft die Mikrowelle benützen, sollten Sie noch mehr darauf achten, viel frisches Obst, Gemüse und Salate zu essen, denn darin steckt die energetisch wirksamste Form von Wasser.

Trinken Sie morgens nach dem Aufwachen und fünf bis zehn Minuten vor jeder Mahlzeit ein Glas Wasser. So decken Sie nicht nur Ihren Flüssigkeitsbedarf, sondern gewinnen überdies wertvolle Energie.

Gönnen Sie sich, sooft Sie können, ein ausgedehntes (ca. 20 Minuten langes), angenehm warmes Vollbad. So wird die Ausscheidung über die Haut angeregt, es kommt zu einem Ausgleich der äußeren und inneren Energien, und außerdem wird die Melatoninproduktion angekurbelt.

Luft

Durch die zunehmende Luft- und Bodenverschmutzung (vor allem im städtischen Bereich und im Bereich von Hauptverkehrswegen) kommen viele Schwermetalle und Giftstoffe in unseren Körper. Deshalb ist eine gute Auswahl von möglichst naturbelassenen Nahrungsmitteln notwendig.

Kaufen Sie vermehrt die Produkte, von denen Sie wissen, woher sie kommen und daß sie ohne künstliche Düngung gezogen wurden. Das ist nicht ganz einfach, aber es lohnt sich. Wohnen Sie in einer Gegend mit guter Luft, so schlafen Sie nachts bei geöffnetem Fenster.

Die Luft in Ihrer Umgebung können Sie nur schwer verbessern. Doch es kann schon regenerierende Wirkung haben, wenn Sie, wann immer Sie können, Urlaub in der freien Natur machen. Tiefes Atmen vor allem in höhergelegenen Zonen, etwa beim Wandern, bringt schnell neue Energie. Wenn wir dem römischen Geschichtsschreiber Tacitus glauben dürfen, so haben die alten Germanen ihre Kranken auf hohe Berge getragen, um sie rascher wieder gesund werden zu lassen. Der Aufenthalt in großer Höhe wirkt belebend, die müde gewordenen Lebensgeister werden in der Höhenluft wieder munter.

Geophysiker können nachweisen, daß der Erdboden normalerweise negativ, die Luft darüber positiv geladen ist. Das heißt, die Luftteilchen mit negativer Ladung überwiegen am Erdboden, die mit positiver höher oben in der Luft.

Wir wissen auch, daß natürliche elektrische Felder einen günstigen Einfluß auf die Gesundheit haben können. Dieses natürliche elektrische Feld wird ebenfalls mit zunehmender Höhe stärker, womit seine Wirkung wächst. Beträgt die Feldstärke am Erdboden nur rund 100 bis 200 Volt pro Meter, werden auf hohen Bergen manchmal bis zu 5000 Volt und mehr erreicht.

Nützen Sie dieses Wissen, wann immer Sie können, um sich zu regenerieren und mit Energie aufzutanken.

Sport und Lebensenergie

Die direkte und indirekte Wirkung bestimmter Sportarten auf die Lebensenergie ist ein eigener Themenbereich, auf den ich an dieser Stelle nicht mit der gebührenden Ausführlichkeit eingehen kann. Grundsätzlich und allgemein läßt sich festhalten, daß regelmäßige, nicht übertriebene sportliche Aktivität unser Wohlbefinden verbessert und Muskelverspannungen löst. Dadurch lädt sich unser Organismus leichter mit innerer Energie auf.

Reizzonen und Lebensenergie

Daß Reizzonen die Lebensenergie ungünstig beeinflussen können, ist heute schon allgemein bekannt. Unsere Messungen haben gezeigt, daß nicht jeder Mensch gleich auf Störfelder reagiert. Für die meisten von uns stellen solche Reize über längere Zeiträume eine organische Belastung dar. Dadurch werden die Lebensenergie und Vitalität geschwächt sowie die Melatoninproduktion der Zirbeldrüse verringert (siehe auch Seite 101 f.). Diese Phänomene wurden auch in der unmittelbaren Nähe von Hochspannungsleitungen festgestellt. Menschen, die in der Nähe solcher Leitungen wohnen, klagen über verschiedene Symptome, vor allem über dauernde Müdigkeit.

Energieübertragung

In der Talkshow „Schiejok täglich“ stellten wir unsere neue Technik der Lebensenergiemessung vor. Einer spontanen Idee folgend, bat uns der Moderator, ein Experiment mit der ebenfalls eingeladenen deutschen Heilerin Hildegard Matheis Karls alias Mateika durchzuführen. Die Heilerin sollte durch Handauflegen Energie in einen anderen Menschen senden, wir sollten diese Energieübertragung mit dem PcE-Scanner messen. Ich muß zugeben, daß ich bis zu diesem Augenblick an so eine Art der Energieübertragung nicht geglaubt habe, und war daher eher skeptisch. Aus dem Publikum wurde eine freiwillige Versuchsperson ausgewählt und an unseren PcE-Scanner angeschlossen. Zu meiner und sicher auch zur Überraschung vieler Zuseher gelang der Versuch sofort. Innerhalb weniger Minuten kam es ganz offenbar durch Übertragung zu einer deutlichen (meßbaren) Erhöhung der Lebensenergie im Kopf der Testperson. Da mich dieser Versuch weiter interessierte und ich einen Zufall ausschließen wollte, habe ich nach der Sendung Frau Mateika eingeladen, in unserem Institutslabor den Übertragungsversuch zu wiederholen. Vor laufender Kamera gelang es ihr wieder, diesmal 30 Personen mit Energie aufzuladen. Nicht jeder nahm die Energie gleich gut auf. Aber bis auf einige wenige Ausnahmen klappte die Energieübertragung bei den meisten. Wir haben die Testpersonen danach über ihre Gefühle bei der Energieübertragung befragt. Alle empfanden den Vorgang als positiv, spürten Wärme und sogar Hitze. Unsere weiteren Versuche mit der Energieübertragung zeigten, daß es dabei unter anderem auch auf die Handstellung ankommt. Die übertragende Person stellt sich rechts von der empfangenden Person auf, die rechte Handfläche auf die Stirn und die linke Handfläche in den Nacken. Verblüffenderweise kann, wie sich herausgestellt hat, eine Energieübertragung aber auch ohne jede Berührung stattfinden.

Bei einigen Versuchspersonen war zu bemerken, daß die neugewonnene Energie teilweise oder komplett wieder verlorenging, sobald die Übertragung beendet war.

Unsere weiteren Laborversuche zeigten, daß fast jeder Mensch in der Lage ist, Lebensenergie auf andere zu übertragen. Wir konnten auch feststellen, daß es Menschen gibt, die Energie eher abgeben, und andere, die Energie von anderen aufnehmen. Dies scheint ein unbewußter Prozeß zu sein, der in vielen Beziehungen (Familie, unter Berufskollegen etc.) abläuft, ohne daß einer der Beteiligten etwas davon bemerkt. Es kann allerdings sein, daß sich der Energieabgebende bei großem Energieverlust ohne ersichtlichen Grund müde fühlt.

Energie-Geber und Energie-Nehmer

Da uns dieses Phänomen des Energieaustausches interessierte, versuchten wir, mehr darüber zu erfahren.
Basierend auf unseren bis heute gewonnenen Einsichten kann man davon ausgehen, daß bei zwischenmenschlichen Beziehungen immer Energie fließt. Es gibt, wie bei allem, ein Geben und Nehmen, im Idealfall gleicht sich der Energiefluß aus. Sehr oft herrscht allerdings ein permanentes Ungleichgewicht, und zwar besonders in privaten Beziehungen. Wer das Ausmaß seiner Kräfte und Energien gut kennt, kann bewußt lernen, den Energiefluß ausgeglichen zu halten. Durch den gezielten Energieaufbau und die bewußte Muskelentspannung ist es möglich, sich zu öffnen. Ein sicheres Zeichen, daß Sie sich für den Energiefluß geöffnet haben, ist das Wahrnehmen des inneren Tones (siehe Seite 69 ff.) in jeder Lebenslage.

An der Grenze des Unbegreiflichen: Das Delpasse-Experiment

Im Universum geht nichts verloren, es wird auch nichts zerstört – nur die Form wird verändert. Alle Materie besteht aus Energie ...
Ist nun die von uns gemessene Lebensenergie ein Teil des unsterblichen Geistes?
Mit dieser Frage beschäftigt sich der letzte Abschnitt dieses Buches. Hier möchte ich von einer Arbeit berichten, die, vom klassischen Biofeedback ausgehend, die Grenzen der modernen Wissenschaft überschreitet.
Die Frage nach dem Fortbestand des menschlichen Geistes über den körperlichen Tod hinaus interessiert mittlerweile nicht nur Esoteriker und Theologen. In fast allen Ländern befassen sich Mediziner, Biologen, Kybernetiker, Physiker und Chemiker mit der Erforschung dieser Möglichkeit. Der Aufwand, mit dem solche Forschungen betrieben werden, hängt nicht nur von technischen Möglichkeiten und finanziellen Mitteln ab. Viele Wissenschaftler müssen auf die öffentliche Meinung und auf das Wohlwollen ihrer Umgebung Rücksicht nehmen. Nur selten ist es ihnen möglich, die technischen Einrichtungen, die ihnen sonst für ihre Arbeit an Instituten, Universitäten und Forschungslabors zur Verfügung stehen, auch für diese Art von Forschung zu nutzen. Nicht jeder Wissenschaftler hat einen so unantastbaren Namen wie Albert Einstein, der sich mit diesen Dingen stets beschäftigte.
Vor Jahren wurde Professor Jean Jacques Delpasse anläßlich einer Tagung auf die Arbeiten des englischen Neurologen Dr. William Grey Walter aufmerksam. Walter hatte 1943 die Theta-Gehirnwellen im EEG entdeckt und später den Frequenzfolgeeffekt, der heute auch bei den sogenannten Mind machines Anwendung findet, Geräten, die das Gehirn stimulieren. Zu der Zeit, als Delpasse auf seine Arbeiten stieß, widmete sich Walter der Erforschung der sogenannten Bereitschaftswelle, einem im Gehirn entstehenden Stromstoß, der immer dann auftritt, wenn man sich geistig zu einer Aktion bereitmacht.
Einer der Versuche lief so ab: Dr. Walter hatte eine Testperson vor den Bildschirm eines entsprechend umgebauten Fernsehgerätes gesetzt und ihr einen Druckschalter in die Hand gegeben, mit der das Gerät ein- und ausgeschaltet werden konnte. Vor dem Einschalten instruierte der Neurologe die Versuchsperson dahingehend, daß beim Einschalten des Gerätes ein höchst interessantes Bild am Schirm zu sehen wäre.

Über Elektroden wurden gleichzeitig die Gehirnströme der Versuchsperson abgenommen und als EEG aufgezeichnet. Durch diese Testanordnung stellte Walter fest, daß jedesmal, kurz bevor die Versuchsperson den Schalter betätigte, ein signifikanter Stromstoß in ihrem Gehirn entstand.
Aus diesem Umstand ergab sich auch die Bezeichnung Bereitschaftswelle. Die Versuchsperson war bereit, den Apparat einzuschalten, also den Knopf zu drücken, gleichzeitig entstand in ihrem Gehirn ein Stromstoß. Aus dieser neuen Erkenntnis heraus kam Walter die Idee, den Fernseher unter Umgehung des manuell zu bedienenden Schalters in Betrieb zu setzen. Er verband die Gehirnelektroden mit elektronischen Verstärkern und Schaltungen, so daß von nun an nur noch die Bereitschaftswelle direkt das Fernsehgerät aktivieren konnte. Der schwache Energieimpuls der Bereitschaftswelle wurde so zu einem Impuls verstärkt, der stark genug war, das Fernsehgerät selbst einzuschalten.
Dr. Walters Versuchspersonen fanden sehr schnell heraus, daß der Bildschirm nun schon aufleuchtete, bevor sie den Knopf drückten. Es genügte, daß sie ihn drücken wollten. Ab diesem Augenblick vergnügten sie sich damit, den Fernseher allein durch ihren Willen ein- und auszuschalten. Die Idee, ohne Zuhilfenahme von Muskeln, allein durch den Willen, den Fernseher einzuschalten, faszinierte den Physiker und Kybernetiker Jean Jacques Delpasse. Er folgerte daraus, daß beim Lernen dieser Fähigkeit, wie bei jedem Lernvorgang, Gedächtnismoleküle entstehen, die das Gelernte auf Dauer im Langzeitgedächtnis speichern. Irgendwann, so dachte er, würde die Versuchsperson diese Gedächtnismoleküle wieder aktivieren, das Gespeicherte also abrufen. Dies würde die Entstehung einer bestimmten Bereitschaftswelle auslösen, die dann ihrerseits wieder in der Lage wäre, ein Fernsehgerät zu aktivieren, vorausgesetzt, die Versuchsperson wäre an die Verstärkungsschaltung mittels Kopfelektroden angeschlossen.
Delpasse erkannte, daß man mit dem Fernseh-EEG-Versuch das Abrufen von bestimmten Gedächtnisinhalten sichtbar machen konnte.
Nun war es das Interesse von Delpasse, zu untersuchen, ob der Geist des Menschen nach dem Tod überlebt und ob das sichtbar gemacht werden kann. Er suchte daher nach Möglichkeiten, den Walter-Versuch bei Sterbenden durchzuführen. Seiner Meinung nach würde sich ein Sterbender kaum mit so einem bedeutungslosen Gedächtnisinhalt wie dem Einschaltsignal für Fernseher beschäftigen. Er würde seine Gedächtnismoleküle, die er früher einmal gebildet hat, irgendwo in seinem riesigen Gedächtnis verborgen aufbewahren und sich

auf dem Sterbebett nicht darum kümmern. Wenn aber die Gedächtnismoleküle des Sterbenden, der vielleicht sogar bewußtlos ist, plötzlich aktiv werden und dabei einen Fernseher einschalten, dann sicher nicht, weil er sich im Augenblick seines Todes daran erinnert.

Viel eher wäre zu vermuten, so meinte Delpasse, daß eine solche Aktivität etwas mit dem Geist zu tun hat, der sich anschickt, den sterbenden Körper zu verlassen und alle Gehirninhalte noch einmal abruft, um sie mitzunehmen. Die Grundlage seiner Idee war die Tatsache, daß viele Menschen, die dem Tod nur knapp entgangen sind, berichten, daß sie im Moment der Todesnähe ihr gesamtes Leben wie in einem Film noch einmal durchleben. Menschen, die dem Tod nahe sind, erleiden oft einen Schock (z. B. Unfallschock). Schon ein kleiner Schock löst einen kurzen Energieanstieg im Hirn aus, der weit über das normale Maß hinausgeht. Es könnte also sein, daß in einer lebensbedrohlichen Situation das Gehirn durch eine enorme Energie stimuliert wird und so alle Speicherzellen gleichzeitig abgerufen werden. Dies dürfte dann ein natürlicher Effekt sein, der immer dann eintritt, wenn der Geist glaubt, daß der Körper stirbt. Und zwar unabhängig davon, ob der Sterbende gerade bei Bewußtsein ist oder nicht.

Wenn also der Geist des Menschen den physischen Tod überdauert, so müßten Persönlichkeit und Unterbewußtsein mit dem Tod den Körper verlassen. Dann aber würden Gedächtnisinhalte, die zum Bestandteil des Bewußtseins und des Unterbewußtseins geworden sind, in irgendeiner Form vor dem Austritt noch einmal abgerufen werden. Dieses Geschehen müßte man durch das Einschalten des Fernsehschirms sehen können, denn er müßte sich in der Todesminute von selbst aktivieren, wenn die Gedächtnismoleküle abgefragt werden, die die Bereitschaftswelle gespeichert haben. Delpasse entwickelte Walters Versuchsanordnung weiter und suchte nach Möglichkeiten, seine Idee zu testen.

Wie der Neurologe William Grey Walter, so hatte auch sein Berufskollege Professor William Jongh van Amsynck wissenschaftliches Interesse an Kybernetik und Biofeedback. Als die Technik des Biofeedbacks nach und nach in der Medizin eingeführt wurde, war er einer der ersten, die diese neue Trainingsmethode an Patienten mit Bluthochdruck erprobte. Van Amsynck konstruierte für seine Patienten Geräte, die den Blutdruck kontrollierten, jede Druckänderung wurde dem Trainierenden angezeigt. Viele Patienten wurden dadurch in die Lage versetzt, ihren Blutdruck über einen längeren Zeitraum hinweg unter Kontrolle zu halten. Im Zuge seiner Versuche setzte van Amsynck auch das EEG-Feedback ein und brachte seinen Patienten bei, die Gehirnströme willentlich zu verlangsamen. Anläßlich eines kybernetischen Symposiums, in dem Amsynck über seine Arbeit mit Biofeedback referierte, trafen sich nun Amsynck und Delpasse. Delpasse war sofort von den Laborbedingungen und Möglichkeiten, die van Amsynck zur Verfügung standen, begeistert. Er erkannte auch, daß die geschilderten Feedbackübungen im Prinzip dem Walterschen Fernsehversuch sehr nahe kamen.

Aber da war noch etwas, das Delpasse interessierte. Alle Versuchspersonen, mit denen van Amsynck arbeitete, litten an der gleichen Erkrankung: an Bluthochdruck, der unter Umständen zum Gehirnschlag und damit auch zum Tode führen kann. Und er wußte, wenn wirklich einmal einer von Amsyncks Patienten starb, dann starb ein Mensch, der ein Biofeedbacktraining absolviert hatte. Dies waren genau die Versuchsbedingungen, die Delpasse brauchte. In einem Gespräch legte er Amsynck seine Idee dar, und dieser war beeindruckt. Er erklärte sich bereit, den Walter-Delpasse-Versuch in sein normales Biofeedbackprogramm aufzunehmen. Von nun an lernten Hypertonie-Patienten bei Amsynck auch die Erzeugung von Bereitschaftswellen zum Einschalten eines Fernsehers. Die Kranken nahmen die Abwechslung in ihrem Übungsprogramm mit Freude auf. Die Fähigkeit, allein durch ihren Willensakt den Fernseher einzuschalten, vermittelte ihnen ein Erfolgserlebnis. Das wiederum kam dem blutdrucksenkenden Feedbacktraining zugute.

Als ein 67jähriger Patient eine Gehirnblutung erlitt, konnte erstmals die Theorie von Delpasse überprüft werden. Zur Überwachung der Hirnfunktion war, wie üblich, der Patient an ein EEG-Gerät angeschlossen. Nur war dieses an die Waltersche Versuchsanordnung gekoppelt. Trotz eingeleiteter Sofortmaßnahmen zeigte der Patient zunehmende Ausfälle aller zerebralen Funktionen. Im EEG erschienen die charakteristischen Null-Linien, die den Gehirntod anzeigen. Bereits lange davor war der Kranke im Koma gelegen. Er war also längst nicht mehr in der Lage, bewußt und willentlich die erlernte Bereitschaftswelle hervorzurufen. Dennoch zeigte sich mit Eintreten des Gehirntodes das Einschaltsignal auf dem Walter-Apparat. Der Fernsehschirm leuchtete in diesem Augenblick auf. Das Einschaltsignal war noch einmal abgerufen worden. Das erste Mal konnte der sogenannte Delpasse-Effekt auf der Schwelle des Todes nachgewiesen werden. Er entsprach all dem, was Delpasse erwartet hatte, sofern der menschliche Geist den Tod des materiellen Körpers überlebt.

Doch bevor der Delpasse-Effekt als Beweis für ein letztes Abfragen aller Gehirninformationen im Augenblick des Todes gelten konnte (also als Beweis, daß alles Wissen gerettet wird), mußten noch weitere Experimente vorgenommen werden. Der Delpasse-Effekt hat nur dann eine Beweiskraft, wenn eindeutig festgestellt werden kann, daß er noch lange nach dem Erlöschen der Gehirnaktivität abgerufen wird.
Warum? Gedächtnisinhalte können nur mit Hilfe eines elektrischen Impulses aus den Gedächtnismolekülen abgerufen werden. Dies ist aber nur möglich, solange das Gehirn arbeitet, also am Leben ist. Stirbt das Gehirn endgültig, so sind alle elektrischen Potentiale und Gehirnströme erloschen. Es gibt also keine körperliche Kraft mehr, die den Gedächtnisinhalt abfragen könnte. Nach diesem Zeitpunkt sollte also der Delpasse-Effekt ausbleiben, vorausgesetzt, der Tod ist das Ende. Wenn der Effekt auch nach der letzten meßbaren elektrischen Aktivität des Gehirns eintritt (wenn also keine körpereigenen Potentiale oder Hirnströme mehr meßbar sind), dann wäre damit der Beweis erbracht, daß eine Energieform existiert, die in der Lage ist, den Gedächtnisinhalt jeder sterbenden Person auch nach deren physischem Tod noch abzurufen. Delpasse nahm weiter an, daß diese Energie dann der Träger eines dem physischen Tod überdauernden Bewußtseins sei, den er als den unsterblichen Geist des Menschen sah.
Es ging also darum, den Delpasse-Effekt auch nach dem Ende der Gehirntätigkeit nachzuweisen, nämlich dann, wenn der Gehirntod schon länger eingetreten ist. Um auch diesen Gedankengang zu überprüfen, mußten Delpasse und Amsynck elektromagnetische Felder einsetzen, die an der Universität des früheren Leningrad entdeckt wurden. Solange diese Strahlenquelle aktiv war, unterband sie den Delpasse-Effekt – auch bei gesunden Trainierenden. Aus früheren Forschungen wußte Amsynck, daß es verschiedene Arten elektromagnetischer Felder gibt, die die Biofeedback-Leistungen seiner Patienten nachhaltig beeinflussen können. Die einen blockieren die Einflußnahme der Patienten auf die Gehirnwellentätigkeit, andere wiederum fördern sie. Die einen unterbinden die Bereitschaftswelle, die anderen lösen jede Blockade auf.
In diesem Fall wurden die blockierenden Felder eingesetzt, um den Delpasse-Effekt zu unterbinden und ihn in das Niemandsland zwischen Gehirntod und Abschalten des Kraftfeldes zu verlegen. Der Erfolg dieses neuen Experiments übertraf alle Erwartungen. Mit Hilfe der Strahlungsquelle gelang es

Amsynck, den Delpasse-Effekt in der Zeit beliebig hinauszuschieben. Die nun eingesetzte Strahlungsquelle hatte beim Biofeedbacktraining immer nur negative Erfolge zu verzeichnen, sie führte immer zur totalen Blockade der Bereitschaftswelle. Nun wurde diese Strahlungsquelle der Schlüssel zu einer neuen Erkenntnis.

Als wieder ein Patient starb und die Meßgeräte den Gehirntod signalisierten, war schon alles bereit: Das EEG mit der Walter-Delpasse-Anordnung und die – unschädliche – blockierende Strahlungsquelle waren schon lange vor dem tragischen Ereignis eingeschaltet. Und wirklich, das EEG zeigte den Gehirntod, aber der Delpasse-Effekt blieb wie erwartet aus, das Fernsehgerät schaltete sich nicht ein.

Van Amsynck wartete eine gewisse Zeit, um sicherzugehen und alle erforderlichen Tests abschließen zu können. Dann schaltete er die blockierende Strahlungsquelle ab. In diesem Augenblick erschien der Delpasse-Effekt doch, der Bildschirm leuchtete auf. Da war also etwas, was nach allen wissenschaftlichen Überlegungen nicht sein konnte. Woher kam die Energie, die jetzt noch den Delpasse-Effekt auslöste? Der menschliche Geist mußte in direktem Zusammenhang mit elektromagnetischen Kraftfeldern stehen oder von ihnen begleitet werden. Dies würde sich dann auch mit Messungen russischer Forscher decken, die festgestellt hatten, daß bei paranormalen Erscheinungen immer starke elektromagnetische Felder meßbar sind. Beide Forscher waren sich nun sicher, den Beweis für die Existenz einer Energieform erbracht zu haben, die in der Lage ist, Gedächtnisinhalte auch lange nach dem Tod des menschlichen Gehirns komplett abzurufen. Diese Energie, so nahmen sie weiter an, sei der Träger eines den Tod überdauernden Bewußtseins.

Delpasse und van Amsynck setzten daraufhin ihre Versuchsreihe fort. Sie fanden ihre Ergebnisse immer wieder bestätigt: Mit Hilfe der blockierenden Felder war es möglich, den Effekt bis über den totalen Funktionsverlust des Gehirns hinweg weit hinauszuzögern.

Um sicherzustellen, daß zwischen ihrem Biofeedbacktraining und dem Delpasse-Effekt ein direkter Zusammenhang besteht, führte Amsynck noch eine Reihe von Kontrollversuchen durch, bei denen Patienten, die niemals mit dem Walter-Delpasse-Gerät trainiert hatten, von ihm genauso überwacht wurden wie die Trainierten (also mit EEG und Delpasse-Anordnung). Aber in keinem dieser kontrollierten Fälle zeigte sich bei Ausfall der Gehirnströme, beim Eintreten des Todes oder danach, wenn die blockierenden Felder abgeschaltet

wurden, der Delpasse-Effekt. Es erwies sich auch als völlig unmöglich, mit den Feldern die Null-Linie des Todes-EEG zu verändern oder nur dadurch den Effekt zu aktivieren.
Die Delpasse-Experimente wurden schon vor mehr als zwei Jahrzehnten durchgeführt. Was von den Ergebnissen der Experimente zu halten ist, was sie vor allem für unsere Vorstellung über den Tod bedeuten, diese Überlegungen überlasse ich dem Leser.

Nachwort

Die neue Hirnmeßtechnik hat uns ein schnelles und sicheres Verfahren zur Weiterentwicklung des Gehirns an die Hand gegeben. Mit dieser Technik ist es nun erstmals möglich, daß wirklich jeder, ob jung oder alt, der nur etwas Geduld und Zeit aufbringt (ca. zweimal 10 Minuten täglich), in den Genuß eines erweiterten und verbesserten Bewußtseins kommen kann. Die Natur hat diesen Weg – unbemerkt – für jeden angelegt. Die Energie ist da, sie muß nur aktiviert und genützt werden. Unser neues Hirnfeldmeßverfahren hat uns diesen verborgenen Weg gezeigt. Vielleicht verändert er Ihr Leben und das Ihrer Familienangehörigen, Freunde und Bekannten. Vielleicht verändert er die ganze Welt. Jeder, der will, kann sich über die Wirksamkeit dieses neuen Trainings vergewissern, unser Institutslabor steht Interessierten und allen Wissenschaftlern offen.

Wie geht es weiter?

Der Energiezuwachs durch die PcE-Übungen wurde für viele Menschen zum aufregenden Abenteuer der Selbstentdeckung.
Ich habe diese Übungen so entwickelt, daß diese nach genauer Beschreibung als alleinstehende Technik durchgeführt werden können. Sie können die PcE-Übungen und die erweiterten Übungen aus diesem Buch aber auch ruhig in Ihr persönliches Meditations-, Trainings- oder Selbsterfahrungssystem einbauen. Die Übungen sind in erster Linie ein effektives Werkzeug für die Arbeit an sich selbst.
Die Übungen der PcE-Meditation sind aber vor allem Übungen zur Selbsttransformation, zur Bewußtseinserweiterung durch die Aktivierung brachliegender Hirnareale.
Der Lernprozeß, an seine inneren Energien zu gelangen, unterbewußtes Wissen freizusetzen, neue Fähigkeiten zu aktivieren und zu trainieren heißt auch immer, sein Bewußtsein zu erweitern. Dies aber läßt Sie Teil einer besonderen Gruppe von Menschen werden, die ebenfalls Erfahrungen mit diesen potentiellen Fähigkeiten gesammelt und so ihr Bewußtsein über das normale Maß hinaus erweitert haben.
Fühlen Sie sich also aufgerufen, sich mit Gleichgesinnten zusammenzutun, um die Übungen in einem Kreis von Freunden gemeinsam zu praktizieren und Erfahrungen auszutauschen. Geben Sie Ihr neues Wissen über die Wirkungsweise der PcE-Übungen weiter, und Sie werden sich wundern, wie viele Ihrer Freunde, Bekannten und Arbeitskollegen Interesse daran haben.
Geben Sie uns bitte bekannt, wenn Sie einen PcE-Übungskreis gegründet haben oder einen gründen wollen. Alle interessierten Personen und Gruppen nehmen wir auch gerne in unsere Instituts-Datenbank auf und geben dann die Kontaktadresse an andere Interessenten weiter.
Für Interessierte, die das PcE-Training beruflich anwenden wollen, wird im IBF regelmäßig eine PcE-Trainer-Ausbildung durchgeführt, die mit einem Diplom abschließt. Die Adressen über ausgebildete PcE-Trainer, die über Meßmöglichkeiten verfügen, finden Sie im Internet auf der Homepage des Instituts unter URL: http://www. biofeedb.ac.at/ (International PcE-Network anklikken). Oder Sie fragen direkt im Institut um diese Adressen.
Vorträge, Seminare und Treffen werden das ganze Jahr über organisiert.
Schreiben Sie uns auch über Ihre persönlichen Erfahrungen mit den PcE-

Übungen, und helfen Sie uns mit Ihren Erfahrungen, unsere Forschungen weiter voranzutreiben.

Das Biofeedback- und Meßsystem PcE-Scanner, mit dem die Hirnaufladung durch die Pc-Energie gemessen werden kann, wird in Österreich, Deutschland und der Schweiz vertrieben. Ebenso eine Audiokassette mit dem inneren Ton (8000 bis 12.000 Hz).

Die jeweiligen Vertriebspartner erfahren Sie über unser Institut.

Anhang

Anmerkungen

1. Das psychogene Hirnfeld formt unsere Bewußtseinsstruktur. Aus der Neurologie ist bekannt, daß im Gehirn meßbare Spannungsunterschiede auftreten, die sowohl an der Kopfoberfläche als auch mittels Gehirnsonden gemessen werden können. Zwischen Punkten mit einem hohen Spannungsunterschied besteht ein stärkeres elektrisches Feld als zwischen solchen mit niedrigem. Dieses Feld mit unterschiedlicher Ausprägung beeinflußt die lokale Gehirngewebsumgebung. Die Nervenzellen dieser Hirnregion werden in ihrem elektrischen Verhalten ganz spezifisch beeinflußt. Der Zustand dieses Feldes im Gehirn ist in seiner Hauptstruktur zumeist recht konstant, manchmal aber fluktuierend, instabil und laufend Schwankungen unterworfen.
Nach intensiven Untersuchungen liegt der Schluß nahe, daß man diese Feldschwankungen, ja das Feld an sich, als Indikator für alle Vorgänge im gesamten Organismus betrachten kann. Diese Vorgänge sind beispielsweise an Geschehen wie Gesundheit, Krankheit und an emotionalen wie psychischen Prozessen beteiligt. Der spezifische Gleichspannungsanteil des elektrischen Hirnfeldes innerhalb der einzelnen Hemisphären wird als „psychogenes Hirnfeld" bezeichnet.
Zur Messung dieses psychogenen Hirnfeldes wurde eine Meßanordnung entwickelt, die mit einem handelsüblichen Personalcomputer ab der Leistungsklasse 486/66 MHz verbunden werden kann.
Dieses psychogene Feld ist ein leicht pulsierendes Feld, das laufend leichten Schwankungen in seiner Intensität und Form unterliegt. Es beeinflußt einerseits bestimmte Schaltvorgänge im Gehirn, anderseits erregt jede Aktivität in und um die Zellen wiederum das Hirnfeld. Je mehr Aktivität im Gewebe, um so stärker ist das Feld. Bei wenig Aktivität ist das Feld in diesem Bereich schwach. Das zu schwache Feld kann als schlecht bewertet werden. Ein zu starkes Feld wird hingegen nur dann als schlecht bewertet, wenn gleichzeitig im Körper Verspannungen vorherrschen. Das Feld hat eine bestimmte Grundform, welche die meiste Zeit des Tages (und wahrscheinlich auch in der Nacht, im Schlaf) bestehen bleibt. Eine Neigung zu einer bestimmten Grundform im Hirnfeld besteht von Kindheit an. Das Anheben der Energie im Gehirn, z. B. mittels PcE-Training, kann diese einseitige Ausprägung auflösen. Siehe auch: G. Eggetsberger, K.-H. Eder: „Das neue Kopftraining der Sieger". Orac.

2. Der Neurobiologe William Greenough von der Universität Illinois ist einer von den Wissenschaftlern, die zweifelsfrei nachwiesen, daß bei Stimulation von Neuronen im Gehirn von Laborratten sich innerhalb von Sekunden nicht nur neue Synapsen bilden, sondern sich auch deren Anzahl pro Neuron vergrößert. Es handelt sich hierbei um einen außergewöhnlichen Effekt, der unter den Gehirnforschern für viel Aufregung gesorgt hat (siehe: Hall, S. S.: The Brain Branches Out. In: Science, June 1985).
Diese Untersuchung steht auch im Einklang mit den Untersuchungen von Dr. Robert O. Becker, einem der bekanntesten und respektiertesten Forschern auf dem Gebiet der elektrischen Stimulation von lebendem Gewebe. Er bewies, daß elektrische Energie ein wichtiges Heil- und Wachstumspotential ist.
Weitere Untersuchungen an Labortieren zeigten, daß die regelmäßge Steigerung von visuellen und akustischen Reizen das Gehirn ebenso zum Wachstum anregt wie direkte Stimulation der Neuronen. Hierzu sollte bemerkt werden, daß alle Sinnesorgane die eingehenden Reize als elektrische Potentiale zum Gehirn bringen. Das heißt, daß jeder Lernprozeß, ja jeder Sinnesreiz das Gehirn zu einer Umstrukturierung und Weiterentwicklung bringt. In besagten Laborversuchen wurde auch die Stimulation nur einer Hirnhälfte durchgeführt. Das Ergebnis war ein eindeutiger Gewichtszuwachs der stimulierten Gehirnhälfte.
Zusammenfassend kann man also sagen, daß Reizeinflüsse und/oder die Erhöhung der Gehirnpotentiale einen Zuwachs an Nervenzellen bringt, und das auch im hohen Alter. Sind hingegen zu wenig Energie oder Reizeinflüsse vorhanden, kommt es sogar zu einer Verringerung der Fortsätze der Nervenzellen („Dendriten“) und damit zu einem Abbau von Gehirnmasse. Bei allen Versuchstieren, deren Gehirnmasse durch den Energieanstieg zunahm, steigerte sich auch das Leistungsvermögen bei diversen Aufgabenstellungen (siehe: Dr. Marian Diamond, Goleman, D.: The Aging Mind Proves Capable of Lifelong Growth. New York Times, February 21, 1984). Ähnliche Untersuchungen wurden in mehreren anderen Labors mit den gleichen Ergebnissen durchgeführt. Das läßt die Vermutung zu, daß auch ein vermehrtes Energieangebot durch Anspannen des Pubococcygeus-Muskels den gleichen, ja sogar einen stärkeren Umbau- und Neuorganisationseffekt mit sich bringt als andere durch Stimulation ausgelöste Verfahren. Das um so mehr, da der gemessene Energiezuwachs im Gehirn durch die PcE-Übungen weitaus größer ist als der Energiezuwachs durch Stimulation.

3. Im besonderen werden die ultralangsamen Auf- und Entladungsprozesse der Hirnrinde gemessen. Diese sind elektrische Begleiterscheinungen der Nervenerregung und der eigentlichen Hirnaufladung über das Rückenmark. Wann immer Zellen in stärkere Aktion treten, können diese elektrischen Prozesse wahrgenommen werden. Das Meßverfahren selbst korreliert nur ganz entfernt mit der reinen EEG-Messung und der Messung evozierter Potentiale. Das Verfahren gibt sofort Aufschluß über alle rein energetischen Auf- und Entladungsprozesse im Gehirn, Rückenmark und Körper. Bei der Entwicklung des Meßverfahrens wurde darauf Wert gelegt, daß die direkten Hirnaktivitäten (ereigniskorreliert) in den einzelnen Bereichen sichtbar wurden. Daher konnte auch kein schon bestehendes Meßverfahren in Anwendung kommen.

Das PcE-Scanner-System ist eine neue Methode zur Diagnose, Therapie- und Therapiekontrolle, die eine neue Sichtweise der Psychologie und der medizinischen Behandlung mit sich bringen kann.

Der PcE-Scanner gibt auch eindeutigen Aufschluß über die Hirndominanz (siehe auch: G. Eggetsberger, K.-H. Eder: „Das neue Kopftraining der Sieger". Orac). Werden z. B. linkshirnige Aufgaben gestellt (etwa Rechnen) und die gemessene Person kann diese Aufgaben lösen, so kann man eine Aktivierung der linken Gehirnhälfte beobachten. Das gilt gegengleich für Aufgaben, welche die rechte Gehirnhälfte aktivieren. Auch hier kann eine genaue Messung erfolgen. Das Gerät ist so sensibel, daß Aktivitäten, die von der Testperson gesetzt werden oder die von außen auf sie einwirken, direkt an der Kopfoberfläche als elektrische Reaktionen gemessen werden können. So ermöglicht das Gerät auch direkte Rückschlüsse auf die Denk- und Aufmerksamkeitsleistung und die Persönlichkeitsstruktur der gemessenen Person.

Der PcE-Scanner kann überdies die energetische Reaktion einer Anspannung des Pc-Muskels direkt an der Kopfoberfläche und/oder an der Wirbelsäule messen. Wird das Gehirn mit mehr Energie versorgt, verbessert sich sofort die Reaktionszeit (mittels elektronischem Reaktionspult gemessen), und die Konzentrationsfähigkeit steigt an.

Durch den PcE-Scanner können innere, energetische Kreisläufe und Felder meßbar und sichtbar gemacht werden. Diese Möglichkeit der Kontrolle von inneren Energieabläufen mit „einfachen" technischen Mitteln vereinfacht es heute jedem interessierten Forscher, nach weiteren praktischen Anwendungen zu suchen. Aber auch Ärzten, Therapeuten und Trainern steht nun die Möglichkeit offen, verschiedene Heil- und Trainingsverfahren auf ihren Wirkungsgrad zu prüfen. Der PcE-Scanner ist ein sogenanntes Low-cost-Gerät: Er kostet nicht einmal ein Viertel von herkömmlichen Meß- und Biofeedback-Systemen, die darüber hinaus keine Möglichkeit der Messung innerer Energien und der Hirnaufladung bieten. Mit der Entwicklung des PcE-Scanners bis hin zur Marktreife glauben wir, einen wesentlichen Beitrag zur wissenschaftlichen Erforschung der Lebensenergie geleistet zu haben.

4. Diese kann mit dem PcE-Scanner schon nach vier bis fünf Wochen meßtechnisch nachgewiesen werden. Die anfänglich schwächere Hirnhälfte (bei Erstmessung) hat ihre Aktivität in den meisten beobachteten Fällen zur stärkeren Hirnhälfte hin ausgeglichen.
Der Nachweis dieser Umstrukturierung und Neuorganisation gelingt sowohl meßtechnisch als auch mittels 16-PF-Test.
Der vor der PcE-Messung und nach dem vier- bis sechswöchigen PcE-Training durchgeführte 16-PF-Test (16-Persönlichkeitsfaktoren-Test) zeigte signifikante Verschiebungen der Denkstruktur. So verschob sich das konkrete Denken und die praktische Intelligenz um einige Punkte hin zu ausgeglichenem Denken. Dies läßt, ebenso wie die PcE-Scanner-Messungen, zweifelsfrei den Schluß zu, daß eine neue Strukturierung des Gehirns entsteht (dies wurde auch durch weitere Studien für eine zur Zeit entstehende Doktorarbeit über das PcE-Training bestätigt).
Der 16-PF-Test (von Klaus A. Schneewind, Gundo Schröder und Raymond B. Cattell, deutsche Version: Bern 1984, Verlag Hans Huber) wird zur Ermittlung der Persönlichkeitsmerkmale verwendet. Zum Einsatz kam eine vom Institut für angewandte Biokybernetik und Feedbackforschung (Walter Pamberg) und von Dipl.-Ing. Rudolf Sedlaczek entwickelte Computerversion des 16-PF-Tests, mit pro Antwort individuell festgelegter Beantwortungszeit und automatischer Endauswertung, um den zu testenden Personen weitestgehend gleiche Testverhältnisse zu bieten.

5. Die österreichischen Forscher Professor Dr. Josef Möse und Doz. Dr. Gerald Fischer, beide vom Hygiene-Institut der Universität Graz, sowie Professor Dr. Stefan Scuy vom Institut für Elektro- und Biomedizin der Technischen Hochschule Graz konnten feststellen, daß die Fähigkeit des Organismus, gegen „Eindringlinge“ (wie Viren, Bakterien etc.) Antikörper zu bilden, unter anderem von der gerade herrschenden Größe und Stärke des elektrischen Gleich-

feldes der Erde bestimmt wird. Bei Langzeitversuchen mit Mäusen zeigte sich, daß die Tiere in einem Käfig mit erhöhtem Gleichfeld eine 30mal stärkere Antikörperreaktion zeigten als Vergleichstiere, die in einem Faraday-Käfig lebten, in dem kein elektrisches Feld herrschte.
Dr. Björn Nordenstrom, Professor für Radiologie am Karolinska Institut von Stockholm, ehemaliger Vorsitzender des Nobelpreis-Komitees, erbrachte die Beweise für die Existenz von biologisch geschlossenen elektrischen Stromkreisen, die bei Heilungsversuchen des Körpers im Bereich von Verletzungen sowie im Bereich von Tumoren bei der innerkörperlichen Bekämpfung auftreten.
Er sagte: „Im Falle von Verletzungen liegt hierin die Grundlage des Heilprozesses ... für das Wohlbefinden des menschlichen Körpers sind diese Ströme so wesentlich wie das Fließen des Blutes." In seinem Buch „Biologically Closed Electric Circuits – Clinical, Experimental, and Theoretical Evidence for an Additional Circulatory System" berichtet Nordenstrom über seine Theorien. Unter Berücksichtigung dieser und einiger nicht zitierter gleichlaufender Forschungsarbeiten kann man sagen, daß es in vielen Krankheitsfällen hilfreich ist, das innere Energiefeld zu harmonisieren und vor allem zu verstärken. Als eine der sichersten und natürlichsten Methoden, die energetischen Selbstheilungskräfte anzuheben, kann das PcE-Training gesehen werden.

6. Wer sich beim Erkennen des inneren Tones schwertut, dem steht auch die Möglichkeit offen, sich einen Ton anzuhören, der im Bereich von 8000 bis 12.000 Hertz liegt.
Über einen PC mit Audiokarte und Internet-Zugang können Sie sich den „inneren Ton" auch im Bereich PcE-Informationen der IBF-Homepage (URL: http://www.biofeedb.ac.at/) anhören.
Weiters bieten wir den Lesern eine Kassette mit Generatortönen in diesen Frequenzbereichen an. Oft hilft das bloße Anhören dieser Töne, den eigenen inneren Ton zu finden und zu aktivieren.
Legen Sie die Audiokassette „PcE-Ton" in einen Walkman, und stellen Sie die richtige Lautstärke ein. Er sollte leise hörbar sein. Bevor Sie beginnen, den inneren Ton zu suchen, absolvieren Sie die PcE-Grundübungen (6 Runen-Stellungen). Danach lockern Sie alle Kleidungsstücke und verdunkeln das Zimmer. Setzen Sie die Kopfhörer des Walkman auf. Legen Sie sich so hin, daß der Kopf in Richtung Osten zeigt. Die Füße sollen geschlossen sein. Die

beiden Arme liegen locker links und rechts neben Ihrem Körper. Die Stellung sollte bequem und entspannend sein. Der Walkman sollte griffbereit liegen. Schließen Sie Ihre Augenlider, und drehen Sie Ihre Augen in Richtung Nasenwurzel. Umschließen Sie Ihre Daumen mit den Fingern, und legen Sie Ihre Zunge an den Gaumen. Nun entspannen Sie alle Muskeln, besonders die Gesichtsmuskeln, damit die Energie leicht fließen kann. Beginnen Sie sich mit der Power-Übung energetisch aufzuladen. Nach ca. einer Minute schalten Sie das Tonbandgerät für einige Sekunden ein und wieder aus. Der Ton sollte nun nachschwingen. Wiederholen Sie diesen Vorgang, wenn notwendig, mehrere Male. Lassen Sie sich bei Ihrer Suche ruhig Zeit.

Lexikon

-A-

Aktionspotential: der Signalfortleitung dienende, kurzzeitige Umkehr oder Änderung des Potentials von Nerven- bzw. Muskelzellen. Wird z. B. mit EMG gemessen.

Aktivierung: eine Funktion oder einen Mechanismus in Tätigkeit setzen bzw. bereits vorhandene Aktivität steigern.

Aktivität: allgemeine Bezeichnung für jegliche Art von hauptsächlich durch innere Bedingungen ausgelöster Tätigkeit des Organismus, und zwar sowohl der einzelnen Elemente wie Zellen, Gewebe oder Organe als auch des Gesamtorganismus. Der Begriff wird manchmal als Gegenstück zum Begriff Reaktion verwendet, der eine durch äußere Bedingungen ausgelöste Tätigkeit umfaßt, und zwar sowohl für physiologische als auch für psychologische Sachverhalte.

Akupunktur: alte Heilmethode der chinesischen Medizin. Einstechen von Nadeln in die Haut bestimmter Körperpunkte, an denen die erkrankten Organe Zonen mit erhöhter Schmerzempfindlichkeit haben.

Alphawellen: relativ große, rhythmische Gehirnwellen mit einer Frequenz von 8 bis 12 Hertz, die im EEG meßbar sind. Sie werden mit Entspannung in Zusammenhang gebracht.

Amplitude: Scheitelwert, d. h. jeweils größter Wert einer periodisch veränderlichen Größe. Maß für die Stärke eines elektrischen Signals, wobei ein Volt die Maßeinheit darstellt.

Aufmerksamkeit: allgemeine und vielseitig verwendete Bezeichnung für die wahrnehmungsmäßige Selektion eines bestimmten Reizes oder Reizmusters, die Bestandteil einer komplexen Reizsituation sind. Dabei passen sich die Sinnesorgane und/oder das Zentralnervensystem auf eine für die betreffenden Reize optimale Weise an, so daß auch die Nervenerregungen optimal werden.

autogenes Training (AT): von J. H. Schultz entwickelte Methode, durch eine Art autosuggestiver Entspannung bestimmte Körperfunktionen zu beeinflussen und so z. B. Spannungszustände, Schmerz oder Schlaflosigkeit zu überwinden.

autonomes Nervensystem: s. vegetatives Nervensystem.

Autosuggestion: Form der Suggestion, die ein Individuum ohne äußere Einwirkungen bei sich selbst vornimmt und wodurch es sein eigenes Verhalten und Erleben beeinflußt. Autosuggestion kann sich auch auf den körperlichen Bereich auswirken und wird deshalb bei Entspannungstechniken angewendet.

-B-

Bereitschaftspotential: langsames, ansteigendes negatives Potential im EEG, das Bewegungen oder anderen Antwortreaktionen (bis zu 1,5 Sek.) vorangeht und sie begleitet („Bereitschaftswelle“).
Betawellen: rhythmische Gehirnwellen im EEG, die eine Frequenz von ungefähr 14 bis 30 Hertz aufweisen und meist im wachen, aufmerksamen Zustand auftreten.
Biofeedback: Rückmeldung von nicht direkt wahrnehmbaren physiologischen Prozessen wie z. B. Herzfrequenz, Blutdruck, elektrische Muskel- oder Hirnaktivität durch ein wahrnehmbares Signal. Benötigt wird dazu ein Biorezeptor, der die betreffende Organfunktion erfassen und als elektrische Potentiale darstellen kann. Diese Potentiale werden verstärkt und in direkt wahrnehmbare visuelle oder akustische Signale umgeformt. Mit solchen künstlichen Feedbackschleifen kann der Organismus lernen, auch unwillkürliche oder autonome Körperfunktionen ähnlich wie willkürliche Körperbewegungen zu kontrollieren, d. h., autonome Reaktionen werden „operant konditioniert“.
Biokybernetik: Steuerung und Kontrolle von biologischen Werten, siehe auch Kybernetik.
Biologie: Lehre vom Leben.
biologisch: Lebewesen betreffend.
Biopotential: elektrischer Potentialunterschied zwischen zwei an einem Organismus angebrachten Meßstellen. Entsteht durch die Aktivität biologischer Systeme, z. B. durch Muskelkontraktion oder Gehirnaktivität.
Blindversuch: Versuchsanordnung, bei der entweder der Versuchsleiter bzw. die Versuchsperson oder auch beide (Doppelblindversuch) die entscheidenden Bedingungen der Versuchsdurchführung nicht kennen. Der Doppelblindversuch wird speziell auch zum Testen der Wirksamkeit von Pharmaka eingesetzt. In der psychologischen Diagnostik wird der Blindversuch als Kontrollverfahren verwendet, wobei der beurteilende Psychologe nur die Testdaten und/oder die Verhaltensprotokolle sieht, nicht aber den Patienten selbst.

Blutdruck: der in den Gefäßen des Körper- und Lungenkreislaufs herrschende Druck. I. e. Sinne der auf Herzhöhe gemessene arterielle Blutdruck im Körperkreislauf; der Höchstwert (während der Herzkammerkontraktion) wird als systolischer und der Tiefstwert als diastolischer Blutdruck bezeichnet.

-C-

Chakra: (auch Cakra) indisch wörtlich „Rad" oder „Kreis". Ausdruck für die Energiezentren, die sich entlang der Wirbelsäule im feinstofflichen Körper befinden. Es gibt 7 Hauptchakren, die mit den Drüsen korrespondieren. Sind die Chakren durchgängig, so drehen sie sich und die Energie fließt ungehindert. Sind alle Chakren richtig aktiv, so soll es zu einer spirituellen Bewußtseinserweiterung kommen. Doch um die Chakren in Bewegung zu setzen, muß zuerst die Kundalini-Energie ungehindert fließen.
Charisma: Gabe und Eigenschaft, die wir in uns tragen; persönliche Ausstrahlung. Nach unseren Messungen entwickelt sich Charisma aus der überaktiven rechten Gehirnhälfte bei Personen, die gleichzeitig stark extravertiert sind.
Ch'i: Lebensenergie nach dem chinesischen Tao.
Chromosomen: faden- oder schleifenförmige Bestandteile der Zellkerne, auf denen die Erbanlagen angeordnet sind.
chronisch: sich langsam entwickelnd, langsam verlaufend.
Cortex: Hirnrinde; Struktur aus Nervenzellen auf der Oberfläche beider Gehirnhälften.

-D-

Deltawellen: rhythmische Gehirnwellen mit großer Amplitude und einer Frequenz von 1 bis 4 Hertz, die im Tiefschlaf im EEG auftreten.
Dendriten: kurze Fortsätze an der Nervenzelle, die normalerweise über die Synapsen aufgenommene Erregungen zum Zellkörper leiten.
Depression: Verstimmung, Niedergeschlagenheit, traurige Verfassung.
depressiv: niedergeschlagen, traurig.
Diagnose: Erkennung von Krankheiten, eines Krankheitsbildes.
Drüsen: Organe, die flüssige oder talgförmige Stoffe (Schweiß, Speichel, Magensaft, Galle) oder Hormone absondern.

-E-

Echtzeitverarbeitung: Funktionsweise eines Computers, der die eintreffenden Daten gleichzeitig mit dem zu kontrollierenden Experiment verarbeitet.
Ekstase: Verzückung, seelischer Erregungszustand.
Elektrode: elektrisch leitende Kontaktfläche, die der direkten oder indirekten Zuführung elektrischer Potentiale oder der Ableitung elektrischer Biopotentiale aus dem Körper dient.
Elektrodenpaste, -gel: elektrisch leitfähige Paste zur Herstellung eines guten elektrischen Dauerkontaktes zwischen Hautoberfläche und Elektrodenfläche.
Elektroenzephalogramm, EEG: Aufzeichnung der durch die Gehirnaktivität erzeugten bioelektrischen Potentialschwankungen, die sich mit auf die Kopfhaut geklebten Elektroden ableiten lassen.
Elektrokardiogramm, EKG: aufgezeichneter zeitlicher Verlauf der bioelektrischen Potentiale bzw. Potentialdifferenzen, die bei der Erregungsausbreitung und Erregungsrückbildung in der Herzmuskulatur entstehen.
Elektromyogramm (EMG): Aufzeichnung der Zeitspannungskurve der durch die Muskelaktivität erzeugten elektrischen Potentiale; die Messung wird mit Hautoberflächenelektroden (Oberflächen-EMG) oder mit Nadelelektroden vorgenommen, die man in den Muskel einführt.
Elektromyographie: EMG-Methode, die Aktionsströme von Muskeln aufzuzeichnen. Die von der Haut abgeleiteten Ströme werden elektrisch verstärkt und sichtbar gemacht.
Endorphine: körpereigene Substanzen (Botenstoffe), die in ihrer molekularen Struktur den Opiaten sehr ähnlich sind.
Emotionalität: gefühlsmäßige Wertung, Gesamtheit der gefühlsmäßigen Zustimmung oder Ablehnung.
Entspannungstechniken: Techniken, die dazu verhelfen, durch psychische Belastung erzeugte Spannungs- und Erregungszustände abzubauen, wie z. B. autogenes Training, progressive Muskelentspannung, Atemübungen, gezieltes Organtraining mit Biofeedback, Yoga oder Meditationsübungen. Diese Verfahren gehen von der Tatsache aus, daß psychische Vorgänge eng mit körperlichen verknüpft sind.
Epilepsie: Fallsucht. Erbliche oder als Folge von Verletzungen und Geschwüren auftretende Gehirnerkrankung. Krampfanfälle mit Zuckungen des ganzen

Körpers, röchelnder Atmung, Schaum vor dem Mund, Bewußtlosigkeit, unkontrolliertem Wasserlassen. Der Anfall setzt meistens so unverhofft ein, daß es zu Verletzungen beim Hinfallen kommt. Nach zwei bis vier Minuten fällt der Kranke in Schlaf. Neben stärkeren Anfällen kommen auch Dämmerzustände vor. Die Ursachen sind bis heute noch nicht völlig erforscht, man vermutet als Auslöser Stoffwechselstörungen im Gehirn.
evoziertes Potential: durch Reizung eines Sinnesorgans oder seiner nach außen führenden Nerven auslösbare Potentialveränderungen im Gehirn, die in der Regel als Summenpotentiale mit auf der Kopfhaut befestigten EEG-Elektroden abgeleitet werden.

-F-

Feedback: aus der Nachrichtentechnik bzw. der Kybernetik stammende Bezeichnung, welche heute für jegliche Art von Rückmeldungssystemen verwendet wird, die auf mehr oder weniger automatische Weise den Vollzug, die Wirksamkeit oder den Grad der Angemessenheit einer bestimmten Tätigkeit oder Handlung anzeigen (auch: Reafferenz, Rückkoppelung, Rückmeldung, Rückwirkung).

-G-

galvanische Hautreaktion GHR, HGR (hautgalvanischer Reflex) oder *GSR (galvanic skin response):* veralteter Begriff für die elektrodermale Aktivität.
Generatorpotential: der Zustand eines Rezeptors, nachdem er erregt und teilweise depolarisiert worden ist. Wird die Depolarisation fortgeführt bis zur Erregungsschwelle, produziert das Generatorpotential einen Nervenimpuls.
Gewebe: Zellverbände aus gleichartigen Zellen, die zusammengefügt die Organe der Lebewesen bilden. Bei Menschen und Tieren unterscheidet man Epithelgewebe, Muskelgewebe, Stütz- oder Bindegewebe, Nervengewebe, Blut.
glatte Muskulatur: aus spindelförmigen Muskelzellen bestehendes Gewebe, das die Wände der Eingeweide und Blutgefäße auskleidet. Wird durch das vegetative Nervensystem mit Nerven versorgt.

Gleichspannungspotential: das G. zwischen verschiedenen Hirnbereichen zeigt die Aktivität der darunterliegenden Gehirnzellen an.
Gleichstrom (DC): nur in einer Richtung fließender elektrischer Strom.

-H-

Halluzination: krankhafte Form der Sinnestäuschung, die ohne äußere Reize entsteht. Die Vorstellungen weichen oft gänzlich von der Realität ab.
Hatha-Yoga: indische Methode zur Entwicklung psychosomatischer Kräfte, vor allem durch Kontrolle des Körpers, seiner Kräfte und seiner Funktionen. Reine Körperübungen, die an Gymnastik erinnern, aber weit darüber hinausgehen.
Hautpotential: elektrische Potentialdifferenz zwischen einer Oberflächenelektrode, die auf einer mit zahlreichen Schweißdrüsen versehenen Hautpartie angebracht ist, und einer Referenzelektrode. Das Hautpotential besteht aus einer als Hautpotentialniveau (skin potential level, SPL) bezeichneten tonischen und einer als Hauptpotentialreaktion (skin potential reaction, SPR) bezeichneten phasischen Komponente.
Hautwiderstand: elektrischer Widerstand der Haut, bestehend aus einer als Hautwiderstandsniveau (skin resistance level, SRL) bezeichneten tonischen und einer als Hautwiderstandsreaktion (skin resistance reaction, SRR) bezeichneten phasischen Komponente.
High-Tech: aus dem englischen high technology. Hochstehende moderne Techniken.
Hormone: Wirkstoffe, die von den Drüsen mit innerer Sekretion in die Blutbahn abgesondert werden und in bestimmter Weise die Stoffwechselvorgänge im Körper steuern. Einige Hormone sind lebenswichtig, zum Beispiel das Insulin der Bauchspeicheldrüse. Andere sind für die Funktion des Organismus unentbehrlich, so die Keimdrüsen- und Schilddrüsenhormone. Ein Ausfall oder die Überproduktion eines Hormons rufen immer schwere Störungen hervor, zum Beispiel Zuckerkrankheit bei Insulinmangel.
Hypnose: künstlich herbeigeführter Zustand der Bewußtseinseinengung einer Person.
Hypnotika: einschläfernde, den Willen hemmende Mittel.
Hypophyse: Hirnanhangdrüse, wichtiges Organ der inneren Sekretion. Ein etwa bohnengroßer Körper, der mittels eines Stiels an der Gehirnbasis befestigt

ist. Die Hypophyse ist das übergeordnete hormonelle Steuerzentrum des Körpers.
Hypothalamus: Teil des Zwischenhirns, der wichtige Vorgänge im Körper steuert, unter anderem die Wärmeregulation, Wach- und Schlafvorgänge, Blutdruck und Atmungsablauf, Stoffwechsel und Schweißsekretion.

-I-

IC (integrated circuit): integrierte Schaltung, moderner elektronischer Bauteil (in Biofeedback-Geräten).
immun: unempfänglich, zum Beispiel gegen Ansteckung mit Krankheitserregern.
Immunologie: Lehre von der Immunität und den Abwehrreaktionen des Körpers.

-J-
Joga: siehe Yoga.

-K-

Kleinhirn: eine der entwicklungsgeschichtlich ältesten Strukturen des Nervensystems von Wirbeltieren (auch Menschen). Ins Kleinhirn laufen alle Arten von sensorischen Informationen ein, z. B. über die Kontraktion der Muskeln.
Kundalini: die kosmische weibliche Energie, die im Muladhara-Chakra (tiefstes Energiezentrum) im Steißbeinbereich ruht. Sie zu erwecken ist das erklärte Hauptziel der meisten Yogis. Die verschiedensten Techniken zur Erweckung von Kundalini – auch Lebensenergie oder Sexualenergie genannt – werden als Kundalini-Yoga bezeichnet.
Kybernetik: Name der von Norbert Wiener begründeten Wissenschaft Kybernetik, einer modernen Wissenschaft, die sich mit der Steuerung, Kontrolle und Kommunikation in Organismen und Maschinen befaßt.

-L-

limbisches System: Teile der stammesgeschichtlich alten Strukturen des Gehirns, die Grundbedürfnisse und -funktionen wie Hunger, Sexualverlangen, autonome Funktionen, Emotionen usw. steuern.
Lymphozyten: Immunzellen, die zu den weißen Blutkörperchen gehören und sich aus den Stammzellen des Knochenmarks entwickeln. B- und T-Zellen sind Lymphozyten.

-M-

Mantra: ein Wort oder Laut (z. B. PcE-Laut) mit einer speziellen oder spirituellen Bedeutung, auf das die Aufmerksamkeit während einer Meditation fokussiert wird.
Membranpotential: Potentialunterschied an der Zellmembran als Folge einer ungleichen Ionenverteilung. Bildet im unerregten Zustand das Ruhepotential, im erregten Zustand das Aktionspotential.
Mind machine: technisches Gerät zur Gehirnstimulation im EEG-Bereich (umstrittene Technologie, die noch nicht endgültig auf ihre Wirksamkeit untersucht wurde).

-N-

Nebennierenmark: Teil der Nebenniere, die Adrenalin ausscheidet.
Nerven: aus Nervenfasern bestehende Leitungsbahnen, in denen die vom Zentralnervensystem ausgehenden Erregungen weitergeleitet werden.
Nervensystem: Gesamtheit des reizaufnehmenden und -verarbeitenden Nervengewebes, das die Lebensfunktionen steuert und koordiniert.
Nervenzentren: die im Gehirn und Rückenmark liegenden Ausgangspunkte der verschiedenen Nervengebiete.
Neuron: Nervenzelle.

-O-

on line: direkt verbunden, gleichzeitig.

-P-

parasympathisches Nervensystem: Teil des autonomen Nervensystems: bewirkt die Gegeneffekte zum sympathischen Nervensystem.

PcE-Training: neues Verfahren zur energetischen Aufladung des Gehirns. Dies wird durch spezielle Körperhaltungen erreicht, die den inneren Energiefluß harmonisieren und Energiestauungen abbauen, und durch das richtige Anspannen des Beckenbodenmuskels (Pubococcygeus-Muskel, kurz Pc-Muskel).

PcE-Scanner: mißt die innere Energie (Lebensenergie).

peripheres Nervensystem: sämtliche Nervenstrukturen, die sich außerhalb des Gehirns und des Rückenmarks befinden.

Placebo-Therapie: Gabe eines Scheinmedikaments, das einem bestimmten Arzneimittel nachgeformt ist. Es enthält keinerlei pharmazeutische Wirkstoffe und soll lediglich zeigen, ob ein Patient suggestiv beeinflußbar ist und auch auf Scheinmedikamente eine Reaktion zeigt.

progressive Entspannung: von E. Jacobson entwickeltes Entspannungstraining. Die betreffende Person lernt dabei, zunächst die am einfachsten zu kontrollierenden Muskeln zu entspannen, dann einzelne Muskelgruppen, bis sie schließlich dazu gelangt, den ganzen Körper zu entspannen.

Psyche: Seele, Geist.

psychisch: seelisch, geistig.

psychogenes Feld oder *psychogenes Hirnfeld:* ein meß- und darstellbares, individuelles Energiefeld, das von der Verhaltens- und Denkstruktur des einzelnen abhängig ist. Im Institut für angewandte Biokybernetik und Feedbackforschung (1983) entdeckt und definiert.

psychogenes Ganzfeld: ein meß- und darstellbares, individuelles Energiefeld, das von der Verhaltens- und Denkstruktur des einzelnen abhängig ist, das sich aus dem Hirn- und Körperfeld des Menschen zusammensetzt. Im Institut für angewandte Biokybernetik und Feedbackforschung (1983) entdeckt und definiert.

Psycho-Neuro-Kybernetik: eine neue (vom IBF-Wien entwickelte) Methode zur Steuerung und Kontrolle von geistigen Zuständen, Bewußtmachen von unbewußt ablaufenden Prozessen mittels Biofeedbacktraining. Siehe auch Kybernetik.

Psychologie: Wissenschaft von den Erscheinungen und Zuständen des bewußten und unbewußten Seelenlebens.

Psychopharmaka: Sammelbezeichnung für Arzneimittel, die anregend oder dämpfend auf die Psyche wirken.
Pubococcygeus-Muskel, kurz *Pc-Muskel:* ein Teil der Beckenbodenmuskulatur.

-Q-

Qi Gong: sanfte Bewegungstherapie, die in der traditionellen chinesischen Medizin zur Vorbeugung und Behandlung von Krankheiten eingesetzt wird.

-R-

Regeneration: Wiederherstellung, Heilung, z. B. von zerstörtem Gewebe.
Rehabilitation: Wiedereingliederung Behinderter in ihre Umgebung und in den Arbeitsprozeß.
Rezeptoren:
1. Spezialisierte Zellen oder Zellbestandteile, die mit Sinnesnerven verbunden sind und durch jeweils entsprechende Reizqualitäten erregt werden. Allgemein werden vier Klassen unterschieden, nämlich Licht-, Mechano-, Chemo- und Thermorezeptoren.
2. Zellorganellen im Nervensystem, die auf Neurotransmitter ansprechen und der Erregungsübertragung dienen.
3. Moleküle auf der Oberfläche von Zellen, mit deren Hilfe unter anderem Antigene erkannt werden. Die bekanntesten Rezeptoren der Immunzellen sind: Antikörper, T-Zell-Rezeptoren und MHC-Rezeptoren.
Ruhepotential: bioelektrische Potentialdifferenz zwischen Innen- und Außenseite erregbarer biologischer Membranen in unerregtem Zustand.
Runen: in erster Linie uralte Schriftzeichen, Buchstaben. Im Wohnraum der germanischen Völker sind Runen etwa ab Christi Geburt oder etwas davor belegt. Die Runen wurden vor allem zu magischen Zwecken und erst sekundär für schriftliche Mitteilungen im üblichen Sinne verwendet. Jede Rune trug bei den Germanen einen eigenen Namen, durch den sie einen konkreten Gegenstand vertrat. In Island wurden die Runen noch im 17. Jahrhundert zu magischen Zwecken verwendet. Erst die Hexenverfolgung machte dieser Art von Magie und Schriftzauber ein Ende. Neueste Forschungen zeigen, daß eine

Urform der Runenzeichen schon in der Steinzeit bekannt war, wo sie als eine Art Urschrift auf Holzstäben, Knochen und Runensteinen eingeritzt oder gemalt wurden. Die ursprüngliche Herkunft der Runen aus dem Mittelmeergebiet wird heute allgemein von der Wissenschaft anerkannt. Immer waren den einzelnen Runen energetische Körperstellungen und Handstellungen zugeordnet. Sie galten in der menschlichen Frühgeschichte als besonders starke Energiestellungen. Einige dieser Körperstellungen finden sich in den PcE-Übungen wieder.

-S-

Schilddrüse: 20 bis 60 Gramm schwere, aus Bläschen bestehende Drüse mit innerer Sekretion. Sie hat zwei Seitenlappen und ein schmales Mittelstück und liegt dem Kehlkopf und dem oberen Luftröhrenknorpel an. Sie produziert ein jodhaltiges Hormon, das in den Bläschen gespeichert wird. Es steigert den Stoffwechsel, regt im Kindesalter das Wachstum an und fördert die Muskel- und Nerventätigkeit. Schilddrüsenerkrankungen hängen meistens mit Gewebevermehrungen zusammen, die zu einer Überfunktion der Drüse führen, in schweren Fällen zur Basedowschen Krankheit.
Schilddrüsenüberfunktion: Vermehrung des Drüsengewebes mit weichem Kropf, Unrast, Schlafstörungen, Glanzaugen, Menstruationsstörungen, Abmagerung.
Schilddrüsenunterfunktion: Unterentwicklung des Drüsengewebes mit Jodmangel; die geistige Aktivität kann, besonders bei der angeborenen Form, herabgesetzt sein.
Streß: umfassende Bezeichnung für alle physischen und psychischen Belastungszustände, die Veränderungen im autonomen Nervensystem bewirken und bei zu großer Intensität oder Dauer zu psychosomatischen Störungen führen können. Entscheidend ist in erster Linie die psychische Komponente, d. h. das Erleben dieser Belastungen und Bedrohungen sowie die Ungewißheit, ob man sie bewältigen kann.
Stressoren: äußere Informationen, die auf eine Person wirken. Derselbe Stressor kann unterschiedliche Reaktionen hervorrufen.
Suggestion: allgemeine und umfassende Bezeichnung für die Beeinflussung psychischer und physischer Prozesse durch Vermittlung einstellungsverändernder, verbaler Botschaften. Suggestion wird in der Psychotherapie in Form von

Autosuggestion bzw. Fremdsuggestion durch den Therapeuten, z. B. bei der Hypnose oder zur Unterstützung von Entspannungsmethoden, angewendet. Der Grad der suggestiven Beeinflußbarkeit eines Individuums wird als Suggestibilität bezeichnet.
Sympathikotonie: Verschiebung des vegetativen Gleichgewichts zugunsten des sympathischen Systems im Sinne einer erhöhten Erregbarkeit des sympathischen Systems; meist im Rahmen einer konstitutionellen vegetativen Labilität.
sympathisches Nervensystem: Teil des autonomen Nervensystems, bewirkt für gewöhnlich die Gegeneffekte zum parasympathischen Nervensystem.

-T-

Taoismus: chinesische Weltanschauung, die die Einheit von Natur und Mensch betont. Bekanntester Vertreter des Taoismus ist Laotse.
T-Zellen: Zellen des Abwehrsystems. Nach ihrer Entstehung im Knochenmark werden sie in der Thymusdrüse dazu „erzogen", körpereigene Strukturen als „selbst" zu erkennen. Neben den B-Zellen stellen sie die wichtigste Abwehrtruppe der spezifischen Immunantwort. In Blut und Lymphsystem nehmen sie ihre umfangreichen Aufgaben wahr: die Zerstörung virusinfizierter Zellen, die Aktivierung von Abwehrzellen sowie deren Unterdrückung. Völlig verstanden ist die Funktion der T-Zellen noch nicht. Fremde Antigene ertasten sie mit ihren T-Zell-Rezeptoren. Wie die B-Zellen vermehren sich die T-Zellen bei einer Immunantwort und bilden Gedächtniszellen.
T-Helfer-Zellen: Zellen des Immunsystems. Erkennen Antigene und alarmieren die Abwehr: über Botenstoffe veranlassen sie B-Zellen, Antikörper zu bilden, aktivieren Makrophagen und T-Killer-Zellen. Der Aids-Erreger befällt unter anderem T-Helfer-Zellen.
T-Killer-Zellen: Zellen des Immunsystems. Töten vor allem virusbefallene, aber auch krebsig entartete Körperzellen. Sie erkennen Virus-Antigene auf der Zelloberfläche, docken an und bringen die Zelle zum Platzen.
Taekwondo: eine über 2000 Jahre alte koreanische Kampfkunst des waffenlosen Kampfes, olympische Disziplin, weltweit vertretene Sportdisziplin.
Thetawellen: rhythmische Gehirnwellen im EEG, die eine Frequenz von 3,5 bis 7 Hertz aufweisen und beim Übergang vom Wach- zum Schlafzustand auftreten.

Trance: ein veränderter, die freie Willensbestimmung ausschließender Bewußtseinszustand, der autosuggestiv oder auf hypnotischem Wege herbeigeführt werden kann, manchmal auch spontan auftritt. Zustand, bei dem die Herrschaft über den Körper aufgehoben ist, zum Beispiel in tiefer Hypnose.

-U-

Unbewußtes: seelische Vorgänge, die sich außerhalb des Wachbewußtseins vollziehen, also im Ursprungsbewußtsein. Anfänglich in der Psychoanalyse von S. Freud verwendeter Begriff einer seelischen Tiefenschicht ohne bewußte Vorgänge; in dieser wirken viele Antriebe des Verhaltens ohne bewußte Kontrolle. Triebkonflikte werden nach Freud ins Unbewußte verdrängt.

-V-

Vagotonie: dauerhafte Verschiebung des vegetativen Gleichgewichts im Sinne einer erhöhten Dämpfung oder eines Überwiegens des parasympathischen Systems. Kommt meist im Rahmen einer konstitutionellen vegetativen Labilität vor.
vegetatives Nervensystem: Teil des peripheren und zentralen Nervensystems, der dem Willen und dem Bewußtsein nicht untergeordnet ist und der Regulation der Vitalvorgänge (Atmung, Verdauung usw.) dient. Wird auch als viszerales oder autonomes Nervensystem bezeichnet und besteht aus den beiden Antagonisten Sympathikus und Parasympathikus.
Volt: Maßeinheit für die elektrische Spannung. Ein Millivolt (mV) ist ein Tausendstel, ein Mikrovolt ein Millionstel Volt.

-W-

Wechselstrom: elektrischer Strom, der in meist sinusförmiger Weise periodisch seine Richtung ändert.
Widerstand: Maß für die Gegenkraft, die dem Durchlaufen eines Stroms durch einen Leiter entgegengebracht wird; verhält sich reziprok zur Leitfähigkeit.

-Y-

Yoga: jahrtausendaltes indisches Selbsterfahrungssystem mit philosophischem Hintergrund, das Meditationssysteme, Körperübungen und philosophische Schulung beinhaltet.

-Z-

zentrales Nervensystem, ZNS: Gehirn und Rückenmark.

Literatur

Ackermann, H., Diener, H. C., Dichgans, J.: Funktionsorientierte, neurophysiologische Diagnostik. Long loop-Reflexe bei spinalen und zerebralen Läsionen. O. A.

Becker, R. O.: Electromagnetic Forces and Life Processes. Technology Review 75

Bergsmann, O.: Bioelektrische Phänomene und Regulation in der Komplementärmedizin. Facultas Universitätsverlag

Blum, Ralph: Runen. Verlag Kailash

Carlsson, Sonja: Trennkost. Buch und Zeit Verlagsgesellschaft

Chang, Stephen T.: Das Handbuch ganzheitlicher Selbstheilung. Handgriffe des medizinischen Tao-Systems. Verlag Ariston

Comfort, Alex: More Joy of Sex. Ullstein Verlag

Comfort, Alex: New Joy of Sex. Ullstein Verlag

Coslett, H. B., Heilmann, K. M.: Male sexual function: Impairment after right hemisphere stroke. Archives of Neurology

Crapo, Lawrence: Hormone. Die chemischen Boten des Körpers. Verlag Spektrum der Wissenschaft

Danneel, R.: Der Einfluß geophysikalischer Faktoren auf die Selbstmordhäufigkeit. Archiv für Psychatrie und Nervenkrankheiten 219

Dargatz, Thorsten, Wiemhoff, Claudia: Rücken-Training. Vorbeugende Hilfe für den Alltag bei Rückenbeschwerden. Sportingform Verlag

Diamond, Harvey und Marilyn: Fit fürs Leben. Waldthausen Verlag

Die Edda: Göttersagen, Heldensagen und Spruchweisheiten der Germanen. Nach der Handschrift des Brynjolfur Sveinsson, übertragen von Karl Simrock. VMA-Verlag

Ebert, Dietrich: Physiologische Aspekte des Yoga. Verlag Gustav Fischer

Eggetsberger, G. H., Eder, K.-H.: Das neue Kopftraining der Sieger. Die Entdeckung und Nutzung des psychogenen Hirnfeldes. Orac Verlag

Eggetsberger, G. H.: Kopftraining macht gesund. Orac Verlag

Eggetsberger, G. H.: Charisma Training. Orac Verlag

Eggetsberger, G. H.: Hypnose, die unheimliche Realität. Verlag Perlen-Reihe

Eggetsberger, G. H.: Biofeedback. Heilung durch Körpersignale. Verlag Perlen-Reihe

Eggetsberger, G. H.: Was Sie über Sex wissen sollten. Neue Biomedizinische Erkenntnisse. Verlag Perlen-Reihe

Eggetsberger, G. H.: Power für den ganzen Tag. Sieben Übungen zur Steigerung der Lebensenergie. Orac Verlag

Eggetsberger, G. H., Eggetsberger R.: Bericht des Instituts für angewandte Biokybernetik und Feedbackforschung Wien. Forschungsbericht Nr. 2/94/416B

Emmerson, V. F.: Can Belief Systems Influence Neurophysiology? Newsletter-Review, The R. M. Bruck Memorial Society 5

Fisch, Guido: Akupunktur. Goldmann Verlag

Gaito, John: Kindling-Effekt und Taurin. Psychological Bulletin

Geesing, Hermann: Die beste Waffe des Körpers: Enzyme. Bastei Lübbe Verlag

Goodman, F. D.: Speaking in Tongues. A Cross-Cultural Study of Glossolalia. Vortrag bei der internationalen Sommerkonferenz der Europ. Assoc. Humanist. Psychol.

Gräfenberg, E.: The Role of Urethra in female Orgasm. O. A.

Green, Miranda Jane: Keltische Mythen. Verlag Reclam

Guttmann, G.: Lehrbuch der Neuropsychologie. Verlag Hans Huber

Günther, Harri: Die Edda. Verlag Neues Leben

Hariharananda: Kriya Yoga. Verlag Hugendubel

Hawking, Stephen W.: Anfang oder Ende. Verlag Heyne

Jantsch, Franz: Kultplätze im Land um Wien. Verlag Freya

Jung, Carl: Psychological Commentary on Kundalini Yoga. Abschrift eines 1993 gehaltenen Seminars. Spring Publications

Kegel, A. H.: Stress Incontinence of Urine in Women. O. A.

Kerner, Dagny, Kerner-Buch, Imre: Der Ruf der Rose. Verlag Kiepenheuer & Witsch

Kinsey, Alfred: Sexual behavior in the human female. Saunders

Kokoschinegg, Peter, Plenk, Hilde: Bioelektrische Messungen an Akupunkturpunkten zur Diagnose und Therapiekontrolle. Bericht der Arbeitsgemeinschaft für Strahlenforschung Nr. 1/75

Krishna, Gobi: Kundalini. The Evolution Energy in Man. O. A.

Langen, Dietrich: Archaische Ekstase und asiatische Meditation. Hippokrates

Lexikon der Keltischen Mythologie. Verlag Heyne

Lobsack, Theo: Die manipulierte Seele. Econ Verlag

Lowen, Alexander: Bio-Energetik. Therapie der Seele durch Arbeit mit dem Körper. rororo
Lowen, Alexander: Liebe, Sex und dein Herz. rororo
Mark, V. H., Ervin, F. R., Sweet, W. H.: The neurobiology of the amygdala. Plenum Press
Markale, Jean: Die Druiden. Weltbild Verlag
Masters, W. H., Johnson, V. E.: Die sexuelle Reaktion. Rowohlt Verlag
Matthews, John und Caitlin: Lexikon der keltischen Mythologie. Heyne
Monod, Jacques: Zufall und Notwendigkeit. Piper
Page, R. I.: Nordische Mythen. Verlag Reclam
Pressman, A. S.: Electromagnetic Field and Life. Plenum Press
Rattner, Josef: Psychologie der Frau. Die moderne Frau zwischen Mythos und Wirklichkeit. Angewandte Psychologie. Verlag Claassen
Sarasvati, S. Sivananda: Kundalini Yoga. Verlag Scherz
Schwarze, Micheline: Qigong. Verlag Gräfe und Unzer
Schweiger, H. G.: Zirkadiane Rhythmen in Einzellern. Biologische Rhythmen. O. A.
Springer, Sally P., Deutsch, Georg: Linkes, rechtes Gehirn. Funktionelle Asymmetrien. Verlag Spektrum der Wissenschaft
Thompson, Richard F.: Das Gehirn. Von der Nervenzelle zur Verhaltenssteuerung. Verlag Spektrum der Wissenschaft
Warnke, Ulrich: Risiko Wohlstandsleiden. Popular Academic Verlags-Gesellschaft
Warnke, Ulrich: Der Mensch und die 3. Kraft. Elektromagnetische Wechselwirkungen. Popular Academic Verlags-Gesellschaft
Zehentbauer, Josef: Körpereigene Drogen. Artemis & Winkler Verlag

Lebenshilfe

(86042)

(86027)

(86169)

(86018)

(86031)

(86062)

Gesamtverzeichnis
bei Knaur, 81664 München

Knaur